# Schleswig-Holstein für Genießer

Ein Wegweiser zu den leckersten
regionalen Produkten

# Schleswig-Holstein für Genießer

Tipps für die besten Hofläden,
Cafés und Landgasthöfe

**sh:z** das medienhaus

Ellert & Richter Verlag

# Inhalt

## 117 Rund um Hamburg

# Vorwort

Schleswig-Holstein ist ein Land mit einem ganz besonderen Wellness-Programm. Es wird von keinem Hotel angeboten, sondern es ist dem Land eigen, man muss es nur entdecken wollen. Nördlich der Elbe beginnt gleichsam die entschleunigte Zone der Republik, und in jeder Region, beinahe in jedem Dorf gibt es kulinarische Spezialitäten, die so nur im Norden zu finden sind und die es zu probieren lohnt. Der Schleswig-Holsteinische Zeitungsverlag recherchierte im ganzen Land nach den besten Erzeugerbetrieben, Landgasthöfen, Hofläden und Restaurants und führte mit einer Serie in seinem Wochenend-Journal zu immer neuen Reisezielen, die Entspannung und Genuss versprechen. Jana Werner war ein halbes Jahr lang in Schleswig-Holstein unterwegs und porträtierte auf ganz persönliche Weise Menschen und deren Betriebe, die für den Genuss im Norden sorgen. Entlang schöner Alleen und malerischer Küsten geht es zu Käse, Schinken, Austern, Schokolade, Räucherfisch, Kohl oder Schnaps. Diese Reise haben wir durch besondere Tipps der Landwirtschaftskammer und der Genussexperten von „FEINheimisch" erwei-

tert und in einem Buch gesammelt, das als kleiner Führer perfekt in jedes Handschuhfach und jeden Fahrradkorb passt. Besondere Restauranttipps der Redaktion sind farblich hervorgehoben. Entdecken Sie die abwechslungsreiche regionale Küche und Gastlichkeit, die sich an den Küsten zwischen Deichen und im Binnenland an Seen und Wäldern verstecken. Vergessen Sie Ihre Waage und alle Kalorientabellen und kommen Sie mit nach Schleswig-Holstein zu unserem ganz besonderen Wellness-Programm.

Ein Buch für Genießer und alle, die es werden wollen!

Guten Appetit wünscht
*Ihr Helge Matthiesen*

Chefredakteur
Schleswig-Holsteinischer
Zeitungsverlag

N

5 km  Sylt

List (10–13, 14)

Wenningstedt-Braderup (15, 16)

Tinnum (16)
Keitum (17, 18)

Morsum (18, 19)

Rantum (19)

*Nationalpark*

Föhr

Amrum

Emmelsbüll-Horsbüll (30)
**Niebüll**  Risum-Lindholm (30)
Klintum/Leck (29)
Stedesand (29)

Seebüll/Neukirchen (31)
Rodenäs (31)

**Flensburg**

199

7

Langenhorn (28)

200

*Schleswig-Holsteinisches*

Pellworm

Nordstrand (27)

*Nordstrand*

*Wattenmeer*

Husum
(25)

5

Oster-Ohrstedt
(27)

201

Mildstedt
(26)  Ostenfeld (26)

Westerhever (24)

*Eiderstedt*

Tetenbüll (20–23)

**St. Peter-Ording**  202

Garding
(24)  **Tönning**

**Friedrichstadt**

Eider

202

5

*Dithmarschen*

Wesselburen (32–35)

Reinsbüttel (53)

**Heide** (48)

203

Büsumer
Deichhausen
(49)

Wöhrden (49)

Hemming-
stedt (49)

Sarzbüttel
(36–39)

23

**Büsum**
(50)

431

Krumstedt (50)

Krumstedt-Feld (51)

Gudendorf
(51)

5

St. Michaelisdonn (52)

*NORDSEE*

Friedrichskoog
(40–43)

Brunsbüttel
(44–47, 53)  *Elbe*

431

**Cuxhaven**

DÄNEMARK

Die Nummern verweisen auf die
Seitenzahlen des Buches

# Die Nordseeküste

# Die Königsmuschel

*Von Jana Werner*

**Dittmeyer's Austern-Compagnie List**

Bine Pöhner und Clemens Dittmeyer
Hafenstraße 10–12, 25992 List
T. 04651 870860 (Bestellungen),
T. 04651 877525 („Austernstube")
www.sylter-royal.de
Öffnungszeiten: Küche geöffnet im Sommer täglich 11.30–21 Uhr; im Winter 11.30–19 Uhr, So Ruhetag außer Weihnachten und Silvester.
Direktverkauf vor Ort ab morgens

Am Klang erkennt Bine Pöhner sofort, ob die Sylter Royal gut ist. Vorsichtig nimmt sie zwei Austern in ihre Hände, klopft die eine leicht auf die andere. „Es muss klingen, als würde man zwei Steine aufeinanderschlagen – ein bisschen dumpf", erklärt Pöhner. Dann sei die Sylter Royal bereit für den Verkauf. „Entsteht jedoch ein hohler Klang, ist etwas nicht in Ordnung." Es ist ein gewisses Gefühl, das man für diesen Qualitätstest entwickeln muss. Bine Pöhner besitzt dieses Gefühl. Seit 2007 leitet sie Deutschlands einzige Austernzucht. In List auf Sylt reift die edle Spezialität mit dem unverwechselbaren Geschmack nach Fisch, nach Jod, nach Salz.

„Austern haben in Norddeutschland, in Schleswig-Holstein eine lange Tradition", sagt Pöhner. Doch sei die Europäische Auster, die *Ostrea edulis*, einst der Überfischung und Parasiten zum Opfer gefallen. Versuche, die Delikatesse erneut in Schleswig-Holstein anzusiedeln, scheiterten zunächst. Dann lag die Austernfischerei hier mehr oder weniger 50 Jahre brach. Auf Initiative des damaligen Ministerpräsidenten Gerhard Stoltenberg (CDU) startete die Biologische Anstalt Helgoland Mitte der 1970er-Jahre mit der Bonner Bundesforschungsanstalt für Fischerei abermals eine Initiative. Die Pazifische Felsenauster, die *Crassostrea gigas*, sollte es sein – eine Gattung, die seit etwa 100 Jahren europaweit mit großem Erfolg kultiviert wird. Es war die Geburtsstunde der Sylter Royal. Das Versuchsprojekt ergab nämlich, dass diese Auster durchaus in Schleswig-Holstein wächst. Nur gelingt ihr dies wesentlich langsamer als an allen anderen Plätzen in Europa. Auch braucht die Pazifische Felsenauster hierzulande eine Art Überwinterung und wird sich

aufgrund der Kälte des Wassers voraussichtlich niemals vermehren. Die Forschungsergebnisse genügten der Familie Dittmeyer, deren Unternehmen sich bis dahin einen Namen mit dem Verkauf von Fruchtsäften gemacht hatte. Sie gingen das Wagnis einer Austernfischerei vor Sylt Mitte der 1980er-Jahre ein. „Im ersten Jahr haben die Austern in Gewächshäusern überwintert", erzählt Bine Pöhner. Ein Vertrag mit dem Land Schleswig-Holstein stellte der Familie damals wie heute 30 Hektar im Wattenmeer für die Austernbänke zur Verfügung. „Und mit der Zeit wurde der Betrieb in der Lister Hafenstraße ausgebaut – mit einem richtigen Winterlager hinter dem Bistro", erklärt die Geschäftsführerin. Inzwischen besteht jenes Lager aus 15 Hälterungsbecken.

Sylter Austern sind eine Spezialität mit einzigartigem Geschmack nach Fisch, Jod und Salz. Jeder Feinschmecker rät, sie zunächst im naturbelassenen Zustand zu probieren, um den facettenreichen Geschmack kennenzulernen.

„Damit sind wir in der Lage, bis zu zwei Millionen Tiere in unterschiedlichen Größen zu überwintern", sagt Pöhner.
Nach wie vor muss das Unternehmen die Setzlinge einkaufen. „Wir bekommen die kleinen Austern aus dem Ausland. Die werden von uns ausgebracht, in die Blidselbucht im Lister Wattenmeer – in die Kinder-

stube der Sylter Royal", beschreibt Pöhner. Dort werden sie in etwa zwei Jahren in aufwendiger Handarbeit zur Marktreife herangepäppelt. Durchschnittlich eine Million Austern erntet das Team jedes Jahr. Die Muscheln liegen in Kunststoffnetzsäcken, Poches genannt, im Wattenmeer, gehalten von im Boden verankerten Eisengestellen. Mehrmals wöchentlich fahren die Austernfischer bei Ebbe raus in die Bucht, wo sie die Austern ernten oder umlegen. Letzteres bedeutet, die jeweils bis zu 18 Kilogramm schweren Poches aus dem Eisengestell zu heben, zu rütteln und zu wenden. Würden die Poches nicht regelmäßig bewegt, würden die

Es gibt viele verschiedene Arten, Austern aufzuziehen. Bei der Sylter Royal geschieht dies über sogenannte Tischkulturen. Die Tiere werden in Netzsäcke, „Poches", gefüllt und auf Eisengestelle gelegt, die bei Flut vom nährstoffreichen Wasser durchgespült werden. Um sie von Seetang und Algen zu befreien und die Austern daran zu hindern, miteinander zu verwachsen, müssen die Poches regelmäßig per Hand kontrolliert werden.

Austern mit ihrer Schale in das Maschengeflecht hineinwachsen oder mit anderen Tieren zusammenwachsen. Zudem zieht die Sylter Royal zweimal im Jahr mit dem Traktor um – im Frühjahr nach der Frostperiode raus ins Wattenmeer und zu Beginn der Frostperiode von draußen wieder ins Winterlager.

Mithilfe der Überwinterungsbecken sichert sich das Unternehmen nicht nur den Bestand der Austern, sondern auch einen ganzjährigen Verkauf. Ist die eine oder andere der Sylter Royal noch zu klein, kommt sie eben zurück ins Becken. Die Marktreifen werden von Hand in Spankörbchen verpackt – mit 12, 25 oder 50 Stück. Dabei wird die gewölbte Schalenhälfte nach unten gelegt, damit die Auster, falls sie sich auf ihrer letzten Reise öffnen sollte, nur etwas Flüssigkeit verliert und nicht austrocknet. Die kleinste Packung kostet 16,80 Euro.

„Unsere Kunden sind international. Aber ich glaube an Regionalität, denn ein Drittel der Sylter Royal bleibt auf der Insel", sagt Pöhner. Der übrige Teil geht in die Bundesrepublik, außerdem nach Österreich, in die Schweiz, manchmal sogar nach Hongkong und Dubai. Auch Kreuzfahrtunternehmen bestellen bei der Austern-Compagnie, wenn ihre Schiffe Norddeutschland passieren.

Ein Grund für den Erfolg der Sylter Royal ist, dass sie ein „reines Naturprodukt" ist. Die Europäische Union teilt die Gewässer in die Kategorien A, B und C ein, wobei A die beste ist. Und die kommt in Europa derzeit nur an drei Plätzen vor: an einem Zipfel von Schottland, einem Teil der Irischen See und im Nordfriesischen Watten-

meer vor Sylt. „Wir füttern nicht zu, wir verändern sie nicht", erklärt Pöhner. „Die Sylter Royal ernährt sich nur von Plankton und Mikroorganismen." Zwar kann man die Auster das ganze Jahr über essen, doch variiert die Qualität laut Pöhner ein wenig: „Im Winter zehren die Tiere, die bis zu 20 Liter Wasser pro Stunde durchfiltern können, von ihrem im Sommer angefressenen ‚Speck' und sind entsprechend etwas magerer."

Die meisten Kunden und die Gäste der „Austernstube" in Dittmeyer's Austern-Compagnie mögen die Sylter Royal am liebsten roh: „Wichtig ist beim Austernessen, dass man sie gut kaut. Der Volksmund sagt schlürfen. Man schlürft sie gerade eben von der Schale in den Mund, aber dann heißt es tatsächlich gut kauen. Dann merkt man, dass das nicht nur Salzwasser ist, was man da zu sich nimmt. Da ist auch ein fester Bestandteil, nämlich das Austernfleisch." Einige nehmen noch Zitrone dazu, andere Pfeffer, und wiederum andere essen sie gratiniert. Übrigens: Nur bei sehr speziellen Austernarten kann sich im Inneren eine Perle bilden. Bei der Sylter Royal ist das äußerst selten.

# Genusstipps

*für Sylt*

### Voigts Alte Backstube
### List
Konstanze Voigt
Süderhörn 2, 25992 List
T. 04651 870512
www.voigts-sylt.de
Öffnungszeiten: täglich ab 12 Uhr
(Nov–März Mi geschlossen)

Voigts Alte Backstube ist ein beliebtes Café-Restaurant am Lister
Süderhörn. Ihr Motto: Einfache
Dinge – gut gemacht. Neben dem
Café gibt es seit ein paar Jahren
einen eigenen Feinkostladen mit
den hausgemachten Salatsoßen
wie die der Marke „Sylter Salathim-
mel – das Original" (ohne Konservierungsstoffe). Zudem wartet ein
reiches Angebot an duftenden Tee-
Kreationen auf die Besucher,
ebenso hübsch verpackte Liköre

und Kuchen in Gläsern, die sehr
lange ihre Frische behalten. Mitnehmen kann man auch die Eintöpfe,
die auf der Speisekarte der Alten
Backstube stehen.

### Sylter Meersalzmanufaktur
### List
Alexandro Pape
Hafenstraße 2, 25992 List
T. 04651 9429074
www.sylter-meersalz.de
Öffnungszeiten: Hauptsaison
Mo–Sa 10.30–18 Uhr, Nebensaison
Mo–Sa 11–17 Uhr

Hier im charmanten Shop der Salz-
manufaktur werden die schmucken
Gläser für Zuhause angeboten. Sylter Meersalz gibt es fein für Koch-
wasser, Suppen oder Vinaigretten
und grob zum Zerreiben über Speisen. Das naturbelassene Salz hat
eine eher feuchte Konsistenz und
verfügt über eine vollmundige, aber
angenehm milde Note. Knusprig
und fein salzig – so schmeckt Sylt.

## Körnerladen
### Wenningstedt-Braderup
Daphne und Sam Tarnero
M.T.-Buchholz-Stig 3,
25996 Wenningstedt-Braderup
T. 04651 44475
www.koernerladen.de
Öffnungszeiten: Sommer Mo–Fr
9–18.30 Uhr, Winter Mo–Fr 9–17
Uhr, Sommer und Winter Sa 9–13
Uhr

Der kleine Dorfladen besteht seit
1985, liegt zwischen Watt und
Heide, direkt an der Straße, die den
Sylter Osten mit Kampen und List
verbindet, und stellt dennoch eine
kleine Oase dar. Um die kompro-
misslose Philosophie des Naturkost-
einzelhandels zu bewahren, wird
nur Ware aus ökologischem Landbau und biologisch dynamischer
Erzeugung eingekauft. Des Weiteren sind die Betreiber Bioland-
Vertragshändler und Demeter-
Aktivpartner. Der Laden führt ein
Vollsortiment an Obst, Gemüse und
Getreide. Wert wird auf regionale
Ware gelegt.
Im Angebot sind auch Nonfood-
artikel: Seifen, Schreibwaren,
Waschmittel und vieles mehr. Die
hauseigene Backstube stellt fast täg-
lich frisches Brot her. Auf der klei-
nen Terrasse können die Besucher
bei hausgemachtem Kuchen oder
Gemüsebratlingen und einer Tasse
Bio-Kräutertee oder -Kaffee die
Sonne genießen.

## Strandrestaurant Wonnemeyer
### Wenningstedt-Braderup
Britta Wonneberger und Rüdiger
Meyer
Am Strand 1,
25996 Wenningstedt-Braderup
T. 04651 45299
www.wonnemeyer.de
Öffnungszeiten: täglich ab 11 Uhr

Das Strandrestaurant bietet freien
Blick aufs Meer und eine große Terrasse, auf der an einfachen Holz-
tischen regionale Köstlichkeiten mit
Bio-Qualität genossen werden können. Hier gibt es Fisch, Austern,
Hummer und alles, was das Meer
zu bieten hat, in verschiedensten
Variationen.

## Volquardsen Hofladen Wenningstedt-Braderup

Bettina Sönksen-Volquardsen und
Eckehard Volquardsen
Terpwai 17,
25996 Wenningstedt-Braderup
T. 04651 44369
www.sylt-feldenkrais.de
Öffnungszeiten: Mo–Sa 10–13 Uhr,
im Sommer 9–19 Uhr

Das Angebot umfasst Kartoffeln,
Kürbis und Grünkohl sowie Erd-
beerfruchtaufstrich und Rote
Grütze, alles selbsthergestellt. Zu-
dem gibt es verschiedene Kräuter,
Salate, Kohlrabi, Mangold, Früh-
lingszwiebeln und vieles mehr. Aus
dem Gewächshaus stammen Mini-
und Salatgurken. Im Mittelpunkt
steht jedoch des Deutschen liebste
Frucht, die Erdbeere. Das Ehepaar
Volquardsen kultiviert seit über 30
Jahren ein ökologisch angebautes
Erdbeerfeld von anderthalb Hektar
Größe. Geerntet werden 50 bis 60
Doppelzentner der Sorten Korona,
Pegasus, Honeoye und französische
Feinschmeckersorten, die im Hofla-
den verkauft werden.

## Sylter Schokoladenmanufaktur Tinnum

Tanja Langmaack
Zum Fliegerhorst 15,
25980 Tinnum
T. 04651 5335
www.sylter-
schokoladenmanufaktur.de
Öffnungszeiten: täglich 9–19 Uhr

Was für eine köstliche Familie: Seit
Generationen stehen die Lang-
maacks für allerfeinste Konditor-
kunst, bekannt durch das vielfältige
Angebot im Westerländer Café
Wien. Die Schokoladenmanufaktur
in Tinnum ist ihr jüngster Ableger:
ein lichter Holzbau in Café-Wien-
Rot. Seit 2006 ist hier die Produktion zu Hause. Im Shop duftet es
nach Schokolade aller Art, hier findet sich alles, was das Herz des
Schokoladenfreundes wünscht. Und
als Clou gibt es Einblicke in die
Produktionshalle oder gleich eine
Teilnahme an einer süßen Fortbil-
dung – dem Schokoladenseminar.

## Genuss-Shop
## Keitum
Johannes King
Gurtstig 2, 25980 Keitum
T. 04651 9677790
www.johannesking.de
Öffnungszeiten: Mo–Sa 10.30–20
Uhr

Während vor dem Shop der Verkehr im Kreisel rotiert, dreht sich drinnen alles um edelste Köstlichkeiten aus der Küche des Sternekochs Johannes King: Lauchöl, Rosenmarmelade, Getränkespezialitäten, sogar Honig aus eigener Herstellung. Anbau, Ernte, Produktion – alles 100-prozentig King. Nur was den hohen Ansprüchen von Johannes King genügt, kommt ins Regal. Nicht nur die Qualität ist ein limitierender Faktor. Die Produkte kommen überwiegend aus der erweiterten Region und weisen eine saisonale Variation auf.

## Sylt-Gut
## Keitum
Theide Andersen
Bäderstraße 2, 25980 Keitum
T. 04651 8861577
www.landschlachterei-sylt.de,
www.sylt-gut.de
Öffnungszeiten: Mo–Fr 15–18 Uhr,
Sa 11–15 Uhr

Der Marktplatz ist der Hof, direkt an der Keitumer Koogstraße, Ecke Bäderstraße gelegen. Chef im Hause des Familienbetriebs ist Theide Andersen, Fleischermeister und ausgebildeter Koch. Aus der hauseigenen Zerlegung gehen die Fleischwaren in die Kühlung und gelangen von hier direkt in den Verkauf. Galloway-Fleisch, Leberwurst nach alten Rezepten und vieles mehr – frischer geht's nicht.
Der Hofladen selbst zeigt jede Menge Fotos vom alten Sylt, Möbel wie Truhen sowie Geschirr aus lange vergangenen Sylter Zeiten. All das macht aus dem Laden ein kleines Museum. Es sind Erbstücke des einstigen Tierarztes Dr. Claus Andersen, Theide Andersens Großvater.

**Restaurant Kökken**
**Keitum**
Claas-Erik Johannsen
Keitumer Süderstraße 3–5,
25980 Keitum
T. 04651 93830
www.benen-diken-hof.de
Öffnungszeiten: Nov–Ostern Do–
Di 18–22 Uhr, Ostern–Okt täglich
18–22 Uhr

Einladend, gemütlich, privat. Das
Restaurant im Benen-Diken-Hof
präsentiert eine natürliche, regionale Küche – frisch, gesund und
voller Aromen. Jeden Tag wird dabei nach guten Produkten und ihrer
besonderen Art der Zubereitung
gesucht.

**Hansenhof**
**Morsum**
Silvia Brüggemann und Andreas
Hansen
Terpstig 65, 25980 Morsum
T. 04651 891003
www.hansenhof-sylt.de
Öffnungszeiten: Mo–Fr 9–17 Uhr,
Sa 9–12 Uhr

Auf 100 Quadratmetern legen täglich mehr als 1000 frei laufende
Hennen das Sylter Ei, welches bei
der Insel-Gastronomie und bei Ur-
laubern seit über zehn Jahren heiß
begehrt ist. Es schmeckt ganz besonders, nicht nur, weil dem Hüh-
nerfutter Schalen von Austern bei-
gefügt werden.

**Sylter Nudelmanufaktur Morsum**
Christel und Dirk Peters
Terpstig 65, 25980 Morsum
T. 04651 891003
www.sylter-nudelmanufaktur.de
Öffnungszeiten: Mo–Fr 10–17 Uhr,
Sa 10–13 Uhr

Im Hansenhof hat auch vor Kurzem die Sylter Nudelmanufaktur Einzug gehalten. Alle Nudeln sind handgemacht und auf Sylt hergestellt. Das besondere Sylter Wasser trägt insbesondere zum einzigartigen Geschmack der Produkte bei. Im Hofshop gibt es neben Nudeln und Eiern auch Geschenkartikel, Seifen, hausgemachte Eier-, Chili-, Bärlauch-, Basilikum-, Dill-, Tomaten-,

Curry- und Spinat-Nudeln von höchster Geschmacksqualität und Frische und in außergewöhnlichen Formen wie Muscheln, Fischen oder der Insel Sylt.

**Dorint Söl'ring Hof Rantum**
Claudia Reichelt, Johannes King
Am Sandwall 1, 25980 Rantum
T. 04651 836200
www.soelring-hof.de
Öffnungszeiten: Mo–Sa ab 18.30 Uhr

Der Logenplatz am Meer, eingebettet in die Natur der Sylter Dünen, verwöhnt am Abend mit kulinarischen Genüssen aus der offenen Landhaus-Küche.
Der jeweiligen Jahreszeit entsprechend werden nur Produkte aus eigenem Garten oder von umliegenden Produzenten verwendet.

# Lene und die Käseschafe

*Von Jana Werner*

**Friesische Schafskäserei
Tetenbüll**
Monika und Redlef Volquardsen
Kirchdeich 8, 25882 Tetenbüll
T. 04862 348
www.friesische-schafskaeserei.de
Öffnungszeiten: Mo–Sa 10–12 Uhr
und 14–18 Uhr

Aufmerksam liegt Border Collie Lene im Gras – die Zunge aus dem Maul hängend, die Augen wach, die Ohren gespitzt. Ihr Blick ist auf Bauer Redlef Volquardsen gerichtet, der ihr nur kurze Kommandos geben muss. Lene reagiert sofort. Konzentriert läuft die fünf Jahre alte Hündin auf die Schafherde zu, treibt sie über die saftige Weide zusammen. Lene hat eine wichtige Aufgabe auf dem Biolandhof in Tetenbüll. Denn Lene hütet den Schatz der Volquardsens – die 120 Milchschafe. Die Familie hat eine Tradition in Nordfriesland wieder aufleben lassen: Sie stellt von März bis Oktober erlesene Schafskäsespezialitäten her – im kleinen Rahmen, ohne Druck durch den Markt und mit einer klaren Botschaft.
„Ich bin hier aufgewachsen, ich wollte immer Bauer werden", sagt Redlef Volquardsen und blickt über das weite Land. Der Hof liegt auf einer historischen Warft, umgeben von Grünländereien in einer parkähnlichen Landschaft. Dort, in einer selbstverständlichen Idylle aus Mensch, Tier und Natur, lebt der 40-Jährige seit über zehn Jahren mit seiner Frau Monika den gemeinsamen Traum. Ganz bewusst hat sich das Paar für einen anderen Weg entschieden. „Als wir den Hof 2003 von meinen Eltern übernahmen, haben wir uns gefragt, wie wir ihn bewirtschaften wollen – entweder mit vielen Tieren oder klein, aber fein", sagt Redlef und fügt hinzu: „Uns war klar, dass wir nicht groß werden wollten. Stattdessen wollten wir uns vom Weltmarkt abgrenzen und regional vermarkten." Ihre Chance sahen die Volquardsens in Milchschafen, deren Haltung in Nordfriesland üblich ist. „Schafskäse wurde hier früher viel gemacht, so auch bei meinen Großeltern. Sie haben fünf, zehn oder fünfzehn Schafe mit der Hand gemolken und in der Küche den Käse hergestellt", sagt Volquardsen. Heute existieren in Schleswig-Holstein kaum noch Höfe, die diese Spezialität anbieten. Anfangs haben die Volquardsens mit 40 friesischen

Milchschafen jährlich ein bis zwei Tonnen Schafskäse in der hofeigenen Käserei produziert. Mittlerweile stellen sie mit ihren 120 Tieren zwischen fünf und sechs Tonnen her. Käserin Inneke Heser hilft der Familie dabei: „Nachdem wir die Schafe zweimal am Tag gemolken haben, pasteurisieren wir die Milch, geben eine Milchsäurekultur hinzu und das Lab, das die Milch fest werden lässt." Dann wird die dickgelegte Milch zu Bruchwürfeln geschnitten. „Wir bewegen den Bruch vorsichtig in der austretenden Molke, bis er die richtige Konsistenz hat, und füllen ihn dann in verschiedene Formen", erklärt Heser. Auch darin wird der Käse abermals gedreht, ruht über Nacht und wandert tags darauf ins Salzbad. „Dann

*Familienschatz auf 480 Beinen: Monika und Redlef Volquardsen (links) weiden mithilfe von Inneke Heser ihre 120 Schafe.*

geht jeder Käse, je nach Sorte, seinen Weg", sagt die 32-Jährige. Das heißt Wischen, Schmieren, Wenden und Reifen – in den Holzregalen im 350 Jahre alten Gewölbekeller des Hofes. Da gibt es den mit Rotschmiere gereiften Roten Friesen, den ungereiften Frischen Friesen oder den in der Salzlake gereiften Friesaki.

Inneke mag das Käsen, obwohl sie beruflich einst etwas anderes vorhatte: „Das ist aus Versehen passiert. Ich bin ein Großstadtkind, in Hamburg aufgewachsen und hatte

Käserei mit Leib und Seele: Inneke Heser hat das Handwerk in Tetenbüll gelernt. Der alte Gewölbekeller, die „Schatzkammer" des Hofes, gibt den verschiedenen Käsesorten ihren einzigartigen Charakter.

nie etwas mit Landwirtschaft zu tun." Sie studierte Geografie und ging zu einem landwirtschaftlichen Betrieb nach Norwegen. Nach einem Jahr kehrte sie zurück, studierte weiter – dann aber Agrarwissenschaften im Nebenfach. Parallel dazu arbeitete sie in einem Milchziegen-Betrieb – und merkte, dass ihr Herz doch für die Landwirtschaft schlägt. Irgendwie landete Inneke dann auf dem Bioland-Hof der Volquardsens, erst für eine Saison, nun für länger. „Die Käserei war nie mein Plan, aber ich habe es hier gelernt. Und es macht mir sehr viel Spaß. Ich bin hier also ein bisschen hängen geblieben", sagt sie.

Auch Monika Volquardsen wollte „eigentlich nie Milchschafe halten und schon gar nicht im Norden". Sie träumte davon, mit Ziegen zu arbeiten – entweder in Süddeutschland oder in der Schweiz. „Doch dann kam mein Mann", schmunzelt die gebürtige Badenerin. An der Universität Kassel, am Standort Witzenhausen, lernte sich das Paar kennen. Beide studierten Ökologische Landwirtschaft. „Es passte einfach", sagt Redlef, der ebenfalls nicht gleich an eine Milchschafhaltung dachte. „Ich stellte mir eher eine große wilde Hofgemeinschaft vor –

das Haus voller fremder Leute, die vom Hof leben. Ich glaube, das war nicht einfach für meine Eltern, als ich mit der Idee ankam. Aber als ich meine Frau traf, wurde ich wieder normal", grinst er.

Das Paar hat mit der Zeit Gefallen an der Haltung von Milchschafen gefunden. „Sie akzeptieren eher Grenzen", sagt Redlef, während seine Frau die Stirn runzelt und „naja" sagt. „Milchschafe sind anders als andere Schafe, sie sind schlauer und vom Charakter her ähnlich der agilen Ziege, aber nicht ganz so anstrengend", erklärt Monika. Schließlich gebe es den Spruch, wenn man schon auf Erden für seine Sünden büßen wolle, müsse man Ziegen halten. „Dann kommt man ohne Fegefeuer direkt in den Himmel", lacht Monika.

Die Nachfrage nach den Spezialitäten aus der Friesischen Schafskäserei ist groß. 70 Prozent ihrer Produkte verkaufen die Volquardsens in ihrem Hofladen, die restlichen 30 Prozent liefern sie an kleine Supermärkte in der Region – etwa nach Sylt, St. Peter-Ording oder Wesselburen. Neben Schafskäse bieten sie Lammfleisch und Lammwurst von den Tieren ihres Hofes sowie Felle und Wolle an.

Dabei betreibt das Paar, etwa bei Führungen, gezielte Verbraucheraufklärung: „Wir sind nicht nur Produzenten, die Geld mit ihrem

Schafskäse gibt es auf dem Hof in vielen Varianten – hier der Klassiker mit Gewürzen.

Produkt verdienen wollen. Wir wollen den Menschen zusätzlich den Ökolandbau und das, wofür wir leben, weitervermitteln – so ein kleines bisschen die Welt verbessern", sagt Redlef. „Wer Fleisch essen möchte, muss auch die Verantwortung hinter dem Stück Fleisch sehen. Möchte ich also ein gutes Weidefleisch oder eins aus reiner Stallhaltung?", sagt Monika Volquardsen.

Die Mittagspause ist vorbei. Während Redlef und Monika ihren Hofladen wieder öffnen, wartet Lene schon ungeduldig vor der Tür. „Border Collies hüten sehr gerne. Sie sind dafür besonders gut geeignet, weil sie weder bellen noch beißen. Sie treiben die Herde einfach zusammen", sagt Redlef. Es sei nicht leicht für die Schafe, Lene zu entwischen.

# Genusstipps

*für Eiderstedt und Nordfriesland*

**Lammerswarft/Melkhus Westerhever**
Henrike und Junge Hans von Ahnen
Heerstraße 28, 25881 Westerhever
T. 04865 901590
www.lammerswarft.de,
www.melkhus-westerhever.de
Öffnungszeiten Melkhus: Ostern–Okt ab 11 Uhr

Die aus dem Mittelalter stammende Lammerswarft liegt im Nordwesten der Halbinsel Eiderstedt. Dort befindet sich der kleine Ort Westerhever mit seinem berühmten Wahrzeichen: dem Leuchtturm. Direkt am Seedeich der Nordsee, gegenüber von Pellworm, wachsen die Lämmer am Deich des Weltnaturerbes Wattenmeer auf. Das Gras mit der Salznote gibt dem Fleisch einen besonderen Geschmack. Fernab vom Straßenverkehr, nur leises Meeresrauschen, Blöken und Vogelgezwitscher, befinden sich zwei reetgedeckte Wohnhäuser, ein alter Bauerngarten sowie ein Schaf- und Kuhstall. In einer der Reetdachkaten können sich Feriengäste erholen. Seit Juni 2011 bietet das Melkhus Ausflüglern an, sich mit frisch zubereiteten Produkten rund um die Milch zu stärken. Ob Buttermilch pur, leckere Shakes oder Eis, Joghurts, Puddings und Kuchen, auch zum Mitnehmen – kein Wunsch bleibt offen! Eine kleine Auswahl an hofeigener Marmelade, eingelegtem Gemüse, Fleisch und Eiern rundet das Angebot ab. Zudem wird im Hofladen ihr besonderes Erzeugnis – das Salzwiesenlammfleisch – angeboten.

**Landladen Kühl Garding**
Mewes Kühl
Hülkenbüll 2, 25836 Kirchspiel Garding
T. 04862 339
www.landladen-kuehl.de
Keine festen Öffnungszeiten

Im 1841 erbauten Haubarg werden seit 1991 Produkte aus eigener Herstellung der Familie Mewes Kühl verkauft. Abgegrenzt vom landwirt-

schaftlichen Nutzraum ist der Land-
laden mit einem breit gefächerten
Angebot bestückt: Erdbeeren ver-
schiedener Sorten, Kirschen,
Fruchtaufstriche oder Gelees sowie
Eier. Außerdem bieten die Kühls
auch einige Produkte aus umliegen-
den Eiderstedter Betrieben an:
Lammfleisch, Eierlikör, Käse,
Schafskäse, Ziegenkäse, Joghurt,
Grasbutter, Wurst, Gemüse, Kartof-
feln und Honig.

### Hartmann's Landküche
### Husum
Andrea Gerdau und Klaus Thiem
Neustadt 13, 25813 Husum
T. 0173 9050425
www.hartmanns-landküche.de
Öffnungszeiten: Do 10–18 Uhr,
Fr 10–22 Uhr, Sa 10–20 Uhr

Eine klare und echte Küche!
Husum-Gäste können mit einem
Besuch bei Hartmann's Landküche
marktfrische Tagesgerichte, Tapas,
Salate und Klönschnack erleben –
im Sommer auch im idyllischen
Hinterhof. Die Inhaber Klaus
Thiem und Ehefrau Andrea Gerdau

haben Spaß, liebevoll mit den Gästen umzugehen und Gerichte zuzu-
bereiten. In den Räumen von An-
tik-List-Petersen in der Husumer
Neustadt eröffnete die Lokalität im
hinteren Teil des Antiquitäten-Ge-
schäfts in einem nostalgisch anmu-
tenden Ambiente. Unter den Gästen
sind Leute, die sich entspannt un-
terhalten, kleine Speisen mit einem
guten Glas Wein kombinieren oder
Kaffee mit einem Stück Kuchen der
Hausbäckerei Gut Hoyersworth genießen möchten.

### Husums Brauhaus
### Husum
Karl-Heinz Häuber
Neustadt 60–68, 25813 Husum
T. 04841 89660
www.husums-brauhaus.de
Öffnungszeiten: Mo–Sa ab 17 Uhr

Die graue Stadt am Meer besitzt ein
Brauhaus, das jedem Besucher
etwas Besonderes bietet. Seit 1991
werden in dem ehemaligen Bank-
gebäude vom Hellen übers Dunkle
bis zum Weizenbier mit seinem
fruchtigen und spritzigen Aroma
jährlich bis zu 16 Bierspezialitäten
gebraut. Wer möchte, kann Braumeister Jens Nachtwein bei einer
Führung über die Schulter schauen.

Das warme Ambiente lädt dazu ein, auf ein Bier vorbeizukommen – nach dem Kino, zum Essen oder zur Geselligkeit. Neben dem alltäglichen Restaurantbetrieb finden im Brauhaus häufig spezielle Veranstaltungen statt – unter anderem Maibockanstich, das Kneipenfestival „Honky Tonk", Hafentage und weitere Höhepunkte.

**Bioland-Gärtnerei**
**Die Kräuterthees**
**Mildstedt**
Familie Thees
Mildstedtfeld, 25866 Mildstedt
T. 04841 75833

Die Familie Thees aus Mildstedt bietet zurzeit ihre eigenen Produkte zwar nur auf einem Stand des Husumer Wochenmarkts an (Do 8–13 Uhr), aber es ist geplant, künftig auch wieder ihre regionalen und saisonalen Produkte im eigenen Hofladen zu verkaufen. Im Sommer erhält man die verschiedenen Salate (Kopf-, Eisberg- oder Feldsalat), Kartoffeln, Champignons, Kräuter, Rote Bete und Pastinaken auch im Bio-Laden „Ebbe und Flut" in der Roten Pforte 8–10 in Husum (Mo–Fr 8–19 Uhr, Sa 8–16 Uhr). Einige Produkte beziehen die Thees' aus Jübek (Kreis Schleswig-Flensburg) von den Bioland-Höfen Ruppert Milthaler und Hans-Heinrich Christiansen.

**Ostenfelder Meierei**
**Ostenfeld**
Familie Koll
Zur Meierei 1, 25872 Ostenfeld
T. 04845 866
www.ostenfelder.de
Öffnungszeiten: Mo–Sa 8–12 Uhr und Do–Fr 15–18 Uhr

„Als Käse des Nordens ist der Tilsiter im ganzen Ostseeraum – bis nach Süd-Schweden und Russland – verbreitet", werben die Inhaber auf ihrer Webseite. Doch heute sei Schleswig-Holstein das Kernland des rotgeschmierten Käses. „Gerade diese feuchte Rinde aus der Kultur des Bacterium linens macht einen Tilsiter oft zum ‚Stinker', sodass mancher erst einmal die Nase rümpft", erklärt Hauke Koll. Die Ostenfelder Meierei ist die kleinste Meierei Schleswig-Holsteins. Hier wird nur handwerklich gearbeitet. „Wir halten bewusst an Erfahrungen über Käseherstellung und Käsereifung aus der handwerklichen Tradition fest und wenden sie weiterhin an", heißt es in ihrer Präsentation. Für Gruppen bis zu 60 Personen werden verschiedene Besichtigungsprogramme unter fachkundiger Leitung angeboten. Dort werden Erfahrungen über die Milchwirtschaft und die Käseherstellung im Ostenfelder Betrieb und das Käsesortiment präsentiert.

### Käserei Backensholz
### Oster-Ohrstedt
Familie Metzger-Petersen
Schwabstedter Damm 8,
25885 Oster-Ohrstedt
T. 04626 18580
www.backensholz.de
Öffnungszeiten: Mo–Fr 8–17 Uhr,
Sa 9–13 Uhr

Am 5. und 6. Juli 2014 öffnet die Käserei ihre Pforten, um wie alle zwei Jahre mit Besuchern und Interessierten die Backensholzer Käsetage zu feiern und die Gäste an ihrem Leben und ihren Produkten teilhaben zu lassen. Ihr Ziel ist es, Käse aus einer wert- und gehaltvollen, ökologischen Milch zu fertigen

und natürliche Ressourcen nachhaltig zu schonen. Nur aus hochwertigem Futter werde beste Milch gewonnen und daraus dann aromatischer Käse hergestellt, sind sich die Inhaber sicher. „Käse, der die Frische unserer Region widerspiegelt."

### Hofladen Baumbach
### Nordstrand
Jens-Uwe Burmeister
Pohnshalligkoogstraße 1,
25845 Nordstrand
T. 04842 495
www.lammfleisch.de
Öffnungszeiten: April–Okt Mo–Sa
8–18 Uhr, So und feiertags 10.30–
18 Uhr; Nov–März Mo–Sa 9–16.30
Uhr, So und feiertags 10.30–16.30
Uhr

Der Hofladen Baumbach befindet sich mitten im Weltnaturerbe Wattenmeer auf Nordstrand. Er bietet frisches Lammfleisch und eine große Auswahl an Wurstprodukten aus 100 Prozent Lammfleisch an. Im Sortiment sind außerdem reines Galloway-Fleisch aus der eigenen Rinderzucht sowie entsprechende Wurstspezialitäten und unterschiedlichste Fertiggerichte. Weiterhin gibt es köstlichen Schafs- und Ziegenkäse – ebenfalls zu 100 Prozent aus dem jeweiligen Basisrohstoff hergestellt. Schließlich lockt der Hofladen mit einem umfangreichen Angebot an hochwertigen Produkten zum Thema „Rund um's

Schaf", darunter kuschelige Felle, warme Wolldecken, modische Textilien, hautverträgliche Kosmetik, Babyartikel und vieles mehr. Und Nordstrand sei immer eine Reise wert, werben die Inhaber.

### Kräuter-Simon Langenhorn

Frauke und Michael Simon
Strengweg 1 (Efkebüll),
25842 Langenhorn
T. 04672 776799
www.kraeuter-simon.de
Öffnungszeiten: April–Juni Mo–Mi 12–18 Uhr, Do–Fr 9–18 Uhr, Sa 9–16 Uhr; Juli–Sept Mo–Fr 9–18 Uhr

Eine schier überwältigende Menge verschiedener Kräuter, Duftpflanzen und jede Menge Raritäten – all das erwartet Kunden bei Kräuter-Simon in Efkebüll. Start in die Saison ist am 1. April um 12 Uhr. Doch das ist noch nicht alles: Frauke und Michael Simon verkaufen nicht nur Pflanzen – sie geben auch Tipps zur Pflege und zeigen Verwendungsmöglichkeiten auf. Neben den mehr als 600 Arten von Gewächsen ist zum Beispiel Saatgut für außergewöhnliche Tomatensorten, Chilis und Gemüse erhältlich. Aber auch Duftgehölze, Honig, Tee, Kräuterseifen und -shampoos sowie

Bio-Dünger gehören zum umfangreichen Sortiment, das Kräuterfreunden übrigens auch im hauseigenen Online-Shop zur Verfügung steht.

Apropos Bio: Seit 2005 ist Kräuter-Simon ein Bioland-Betrieb und produziert alle seine Pflanzen nach den Kriterien des ökologischen Gartenbaus.

### Ferienhof Ebsen Langenhorn

Familie Ebsen
Hochacker 3, 25842 Langenhorn
T. 04672 77564
www.ferienhof-ebsen.de
Öffnungszeiten: Fr 8–12 Uhr und 14–18 Uhr, Sa 8–12 Uhr

Wenn Kunden Interesse an frischem Schweine-, Rindfleisch oder an Geflügel haben, ist seit Jahrzehnten der anerkannte Bioland-Betrieb der Familie Ebsen Anlaufpunkt. Mit

viel Freude und Tatendrang wird der Hofladen bewirtschaftet. Dort einzukaufen ist ein besonderes Erlebnis. Die Besucher können sehen, wie die Köstlichkeiten hergestellt werden. Sogar die Hühner, deren Eier zum Frühstück serviert werden, sind im und um den Hofladen zu finden. Ergänzt wird das Sortiment außerdem durch Obst- und Gemüseprodukte anderer umliegender Bio-Bauern.

**Marmeladen Manufaktur Nordfriesland Glashoff's Bestes Stedesand**
Hans-Uwe Glashoff
Mühlenweg 11, 25920 Stedesand
T. 04662 891903
www.glashoffs.de

Die Marmeladen Manufaktur produziert in Stedesand insgesamt mehr als 80 Sorten Fruchtaufstriche und Gelees. Gekocht wird in kleinen, offenen Töpfen. In seiner Hexenküche komponiert Hans-Uwe Glashoff Rezepte und Variationen: Neben Klassikern wie Erdbeere oder Apfel gibt es auch Exotisches wie Goji-Kaffee, Kiwi-Bacardi oder „Wacken". Wer sich das vor Ort ansehen möchte, kann eine Verkostung in der Manufaktur buchen, Gruppen bis 50 Personen sind willkommen. Im Online-Shop haben Sie die Qual der Wahl.

**Klintumer Frische Klintum/Leck**
Klaus und Markus Schmidt
Alter Mühlenweg 5,
25917 Klintum/Leck
T. 04662 881414
Fax 04662 881411
www.klintumer-frische.de
Öffnungszeiten: ganzjährig

Frische Produkte geradewegs vom Bauernhof liefert die „Klintumer Frische" in Leck. Vollmilch, Joghurt, Frischkäse, Kartoffeln und vieles mehr sind im Angebot. Praktisch: Man kann sich alle Milchprodukte an die Haustür bringen lassen. Bestellen kann man per Telefon, Fax oder Webformular. Hoffrische Produkte, die der Milchmann direkt vor die Ferienhaustür bringt, ideal für Supermarktmüde und Frischmilch-Fans.

**Galerie-Café
Risum-Lindholm**
Kirsten und Manfred Kiehlneker-
Fintzelius
Dorfstraße 174,
25920 Risum-Lindholm
T. 04661 3387
Öffnungszeiten: täglich 14–18 Uhr

Das Galerie-Café ist ein ehemaliger
Bauernhof aus dem 17. Jahrhundert
und wurde in den 1970er-Jahren
von dem Künstlerehepaar Kiehl-
neker-Fintzelius restauriert. Auf
dem Gelände haben sich mittler-
weile nicht nur eine Galerie und ein
Atelier, sondern auch ein gemüt-
liches und einladendes Café nieder-
gelassen. Hier findet sich ein uriges
Ambiente, das an Großmutters gute
Stube erinnert und so eine familiäre
Wohlfühloase kreiert. Vor oder
nach dem Genuss verschiedener
Kaffeespezialitäten, Torten und
Kuchen lassen sich individuelle
Kunst und antike Möbel entdecken.
Im Sommer entspannen Sie sich bei
Kaffee und Kuchen im liebevoll an-
gelegten Garten.

**Wiebkes Hausladen
Emmelsbüll-Horsbüll**
Wiebke Petersen
Horsbüller Straße 20,
25924 Emmelsbüll-Horsbüll
T. 04665 656
www.wiebkes-hausladen.de
Öffnungszeiten: Mo–Fr 8–12 Uhr
und 14–18 Uhr, Sa 8–12 Uhr

Im Hausladen von Wiebke Petersen
gibt es vor allem regionale Produkte
zu kaufen: Eier von frei laufenden
Hühnern, Marmeladen und Gelees
aus saisonalen Früchten, zum Teil
aus dem eigenen Garten, je nach
Jahreszeit ist zudem dies und das im
Angebot, was Garten und Gewächshaus hergeben. Außerdem gibt es
im Hofladen Produkte hiesiger Er-
zeuger zu kaufen, zum Beispiel
Wiedingharder Ziegenkäse in verschiedenen Geschmacksrichtungen,
hergestellt auf dem Ziegenhof Det-
lefsen, der ebenfalls in Emmelsbüll-
Horsbüll liegt, aber über keinen
eigenen Hofladen verfügt. Auch
sind Honig, Back-, Wurst- und
Fleischwaren aus der Nachbarschaft
im Angebot.

**Genusswirtschaft Seebüll**
**Seebüll/Neukirchen**
Nolde Stiftung Seebüll
25927 Seebüll/Neukirchen
T. 04664 983970
www.nolde-stiftung.de
Öffnungszeiten: Restaurant März
und Nov täglich 10–18 Uhr,
April–Okt Mo–Mi und So 10–19
Uhr, Do–Sa 10–21 Uhr

Das einstige Atelier- und Wohnhaus
des Malers Emil Nolde in Seebüll ist
das Ziel vieler Kunstinteressierter.
Ebenfalls reizvoll ist der vom
Künstler angelegte Garten, der auch
süße Früchte trägt. Die Nolde Stiftung Seebüll erfüllt die Kriterien des
ökologischen Gartenbaus und ist als
erster Künstlergarten zertifiziertes
Mitglied des Bioland-Verbandes.
Produkte einer Zusammenarbeit
mit der „Marmeladen Manufaktur
Nordfriesland Glashoff's Bestes"
(siehe Seite 29) sind Aufstriche aus
Blüten und Früchten, zum Beispiel
die Sorten Dahlienblüte, Rosenblüte
und Wildmirabelle. Kulinarisches in
gepflegtem Ambiente bietet das
Restaurant Genusswirtschaft. Und

wer gar nicht genug bekommen
kann, mietet sich im Gästehaus ein
Zimmer.

**Café Zollhaus**
**Rodenäs**
Maren Dose
Norddeich 3, 25924 Rodenäs
T. 04668 9588980
www.cafe-zollhaus.eu
Öffnungszeiten: Hauptsaison
Mi–So, Nebensaison Fr–So, jeweils
14–18 Uhr

Die Kulturstation Zollhäuser in Rodenäs liegt an der Grenze zu Dänemark. In dem alten Zollhaus gibt es
Kunstausstellungen, Vorträge,
Lesungen und ein Buchcafé. Zusätzlich zu Kaffee und Kuchen wird
reichlich Literarisches geboten –
nicht verkauft, sondern verschenkt.
Besucher können im Bestand von
Romanen, Krimis, Sach- und Kin-
derbüchern, Reiseliteratur und
Klassikern stöbern – und so viele
Werke mitnehmen, wie sie tragen
können. Der Buchbestand stammt
von Spendern, die Bücher abgeben,
für die sie zu Hause keinen Platz
mehr haben.

# Der Sauerkrautpapst

*Von Jana Werner*

**KOHLosseum**
**Wesselburen**
Bahnhofstraße 22a,
25764 Wesselburen
T. 04833 45890
www.kohlosseum.de
Öffnungszeiten: Mo–Fr 9–17 Uhr,
Sa 9–13 Uhr

Ein Leben ohne sein KOHLosseum in Wesselburen kann sich Hubert Nickels noch nicht vorstellen. „Ich freue mich jeden Morgen wieder aufs Neue, dass ich hierherkommen kann", sagt der 72-Jährige. Nickels ist nicht nur die gute Seele des Hauses, das den berühmten Dithmarscher Kohl schmackhaft machen möchte. Auch hat er mit einer einmaligen Erfindung dem KOHLosseum und sich selbst zu großer Bekanntheit verholfen. Der Sauerkrautpapst, wie er liebevoll über die Grenzen der Region hinaus genannt wird, hat ein schonendes Gärverfahren für das Gemüse entdeckt. „Auf diese Weise ist es bekömmlicher und gesünder als das handelsübliche pasteurisierte Kraut", sagt Nickels.
Doch es war ein langer Weg für den gelernten Werkzeugmacher und Maschinenschlosser, der sich zu-

sätzlich zum Lebensmitteltechniker ausbilden ließ. Er erlebte mit, wie in der historischen Sauerkrautfabrik der Firma Philipp & Co. Wesselburen 1995 die letzte Dose vom Band lief. Mehr als 120 Mitarbeiter verloren aus wirtschaftlichen Gründen ihren Job. Hubert Nickels war einer von ihnen. „Der alte Inhaber stellte mir dann Ende der 1990er-Jahre in einem Nebengebäude einen leer stehenden Laborraum kostenlos zur Verfügung. Das habe ich genutzt", blickt der Krautmeister zurück. Nach und nach besorgte er sich kleine Maschinen und startete mit seinen Versuchen, während aus der ehemaligen Sauerkrautfabrik das heutige KOHLosseum wurde. Inmitten von Dithmarschen – Europas größter zusammenhängender Kohlanbaufläche – hatte Nickels ein ehrgeiziges Ziel: „Ich wollte ein besseres Sauerkraut für den Verbraucher schaffen – ein Produkt mit all seinen wertvollen Inhaltsstoffen und mit dem vollen Gehalt der natürlichen, reinen, lebenden Milchsäure." Das war seine Motivation –

über ein Jahrzehnt lang, trotz un-
zähliger Fehlversuche und Rück-
schläge.

Beim herkömmlichen, industriellen
Verfahren wird das Sauerkraut
zweimal stark erhitzt – einmal, ehe
es aus großen Bottichen in die Dose
oder das Glas abgefüllt wird, und
noch einmal, wenn das Gefäß verschlossen ist. „Dabei wird es dann
pasteurisiert, bei 85 Grad 22 Minuten lang, um das Produkt für mindestens vier Jahre haltbar zu
machen", erklärt Nickels, für den
genau darin das Problem liegt.
Denn durch das zweimalige Erhit-
zen hat das Sauerkraut 60 Prozent
seiner Inhaltsstoffe verloren – vor
allem die sehr hitzeempfindlichen
Vitamine. Und von der für unsere
Ernährung so wichtigen Milchsäure

Dithmarschen ist Europas größtes zusam-
menhängendes Anbaugebiet für Kohl:
80 Millionen Köpfe werden jedes Jahr
geerntet.

ist im Endprodukt gar nichts mehr
enthalten.

Das Verfahren des Sauerkrautpaps-
tes hingegen setzt auf eine scho-
nende Gärung, ohne jegliche Hitze-
behandlung. In seiner Krautwerkstatt im KOHLosseum hat er es
perfektioniert. „Zunächst einmal
verarbeite ich grundsätzlich nur
Dithmarscher Bio-Weißkohl", sagt
Nickels. In ein Millimeter dicke
Streifen geschnitten, wird der Weißkohl mit einem ganz bestimmten
Anteil an Salz vermischt – mit neun
Gramm auf ein Kilogramm Kohl.

„Ich gebe deshalb nur 0,9 Prozent Salz dazu, weil ich mit diesem Anteil den höchsten Milchsäureanteil im Endprodukt erziele. Wenn ich mehr Salz hinzugebe, habe ich einen gewissen Pökeleffekt", erklärt der Krautmeister, der die exakte Salzmenge in Tests ermittelt hat. Nachdem der Weißkohl mit dem Salz vermischt ist, wird er ohne weitere Zusatzstoffe in ein Glas gepresst. Dabei übernimmt ein sogenannter Kopfraumbegrenzer eine entscheidende Aufgabe, indem er nach dem Verschließen im Inneren des Gefäßes „stets und ständig einen konstanten Druck auf den Gärstoff ausübt", sagt Nickels. Denn nur unter Druck könnten die bei der Vergärung im Glas entstehenden Gase entweichen. Dass sie

Präzisionsarbeit am Rührgerät: Exakt neun Gramm Salz kommen auf ein Kilogramm Kohl. In der Krautwerkstatt im KOHLosseum entstehen Spezialitäten wie Frischekraut und Sauerkrautschnaps bis hin zu Pflegeprodukten.

überhaupt nach außen dringen, dafür wiederum sorgt ein Spezialverschluss mit einer Gummimasse. Dieser Verschluss, den Nickels mitentwickelt hat, verhindert zugleich, dass Sauerstoff in das Glas eindringt.

Schließlich vergärt das verschlossene Sauerkraut noch sieben Tage lang bei einer optimalen Temperatur von 18 bis 20 Grad Celsius. „Ab dem siebten Tag führe ich Messungen durch. Und wenn der pH-Wert kleiner als 4,1 ist und der Mindestmilchsäureanteil bei 1,1 Prozent liegt, dann weiß ich, dass die gesamte Produktion in Ordnung ist", sagt Nickels. Gekühlt ist sein gärfrisches Sauerkraut mindestens ein halbes Jahr haltbar. Das Patent für das bekannte „Wesselburener Sauerkraut im Glas vergoren" hat der 72-Jährige bereits 1998 angemeldet. Etwa 60 000 Gläser von jeweils 450 Milliliter stellen Nickels und sein Team jährlich in der Krautwerkstatt im KOHLosseum her. „Wir betreiben zwar eine kleine, aber sehr aufwendige Produktion", sagt Wilken Boie, der Nickels' Werk als Nachfolger weiterführen soll. Nahezu jeder der knapp 15 Mitarbeiter des KOHLosseums müsse dann mithelfen. Alljährlich im September, wenn der Kohl geerntet wird, beginnt die Produktion und richtet sich kontinuierlich nach dem Bedarf der Verbraucher. „Wir können das Sauerkraut relativ lange herstellen, weil der Kohl lange lagert. Er kommt nämlich nicht nur frisch vom Feld, sondern auch im Januar, Februar und März noch aus den Kühlhäusern der Landwirte", erklärt Boie. Der 38-Jährige hat sich von Nickels' Kraut-Leidenschaft anstecken lassen. „Vor fünf Jahren hätte ich mir nicht vorstellen können, dass ich einmal hier landen würde", sagt der gelernte Tischler. Aber mittlerweile

Patentiertes Produkt am laufenden Band: „Wesselburener Sauerkraut im Glas vergoren". Bereits 1998 wurde die ein halbes Jahr haltbare Kohlspezialität beim Patentamt angemeldet.

mache er diesen Job mit sehr viel Herzblut. Tauschen wolle er keinesfalls mehr. Neben dem Sauerkraut stellt der Betrieb mit dem schonenden Verfahren auch noch einen Bio-Gemüsemix und ein Bio-Rotkraut her. Eine Hautpflegesalbe aus Bio-Weißkohlsaft findet sich ebenfalls im Sortiment, das im Internet und direkt vor Ort im Bauernmarkt des KOHLosseums angeboten wird.

# Süchtig nach Käse

*Von Jana Werner*

**Feinkäserei Sarzbüttel**
Bernd Stöfer
Hauptstraße 43, 5785 Sarzbüttel
T. 04806 328
www.kaeserei-sarzbuettel.de
Öffnungszeiten: Mo–Fr 8–12 Uhr
und 14–18 Uhr, Sa 8–12 Uhr

Boje Hinrichs hat einen Traum. „Wenn ich in Rente bin, dann möchte ich auf eine Alm und dort Käse machen. Das habe ich mir geschworen", sagt der 63-Jährige. Noch hat der echte Dithmarscher sein Herz an die Feinkäserei Sarzbüttel verloren. Seit 1993 arbeitet Hinrichs für das traditionsreiche Unternehmen, dem er sich „sehr verbunden" fühlt: „Ich behandele den Laden so, als wenn er mein eigener wäre." Es ist diese Liebe zu seinem Beruf und seinem Produkt, die der Käsemeister weitergeben möchte. Denn in der einzigen Meierei in Dithmarschen wird noch die naturgereifte Herstellung gepflegt, in hingebungsvoller Handarbeit. „Wir sind sehr stolz auf das, was wir hier machen", sagt Hinrichs. Bei seinem Vater, ebenfalls Käsemeister, lernte der gebürtige Wesselburer sein Handwerk. Zwar hatte sein „alter Herr", wie er ihn respektvoll nennt, eine Banklehre für ihn

vorgesehen. Doch Sohn Boje war längst vom Käsen fasziniert und setzte sich durch. Nach der Ausbildung ging er auf Wanderschaft zu den zahlreichen Molkereien in Schleswig-Holstein und landete schließlich in Sarzbüttel. Ende der 1950er-Jahre gab es in dem Bundesland über 550 Molkereien, davon übrig geblieben sind 2013 gerade einmal 14.

„Dass wir eine der letzten Molkereien im Norden sind, haben wir meinem Vorgänger Dieter Peters zu verdanken", sagt Geschäftsführer Bernd Stöfer. Peters habe in den 1970er-Jahren entschieden, Käsespezialitäten in Sarzbüttel zu produzieren. „Ursprünglich waren wir ein Betrieb für Trinkmilch, Butter und Quark – eben alles, was die anderen Molkereien früher auch gemacht haben", erklärt Stöfer. Mit dem Beginn der Käseproduktion sei der Grundstein für den andauernden Erfolg der Genossenschaft gelegt worden, die 1888 gegründet wurde. Während seinerzeit mehr als 60 Landwirte etwa eine Million Liter Milch pro Jahr anlieferten, schaffen heute 33 Landwirte im gleichen Zeitraum etwa 20 Millionen. Auch stieg laut Stöfer die Zahl der Mit-

arbeiter der Genossenschaft von
drei im Gründungsjahr auf mittlerweile 28. Sie verarbeiten täglich
etwa 50 000 Liter Milch zu knapp
6000 Kilogramm Käse und erwirt-
schaften einen Jahresumsatz von
zehn Millionen Euro.

„Ich erkenne sofort, ob ein Käse etwas geworden ist oder nicht", sagt
Hinrichs. Seit 47 Jahren arbeitet er
in seinem Beruf. Das Leuchten in
seinen Augen, wenn er über die
etwa 60 000 im Keller gelagerten
Käselaibe blickt, ist immer noch da.
Kritisch verfolgt er jeden Schritt der
Produktion: Wenn die Rohmilch
zentrifugiert, pasteurisiert und vorbereitet, in Wannen auf etwa 32
Grad Celsius erwärmt wird und ihr
Lab und spezielle Reifekulturen zu-
gegeben werden. Wenn die Gallerte
mit Käseharfen geschnitten, der da-

*Mit der erfolgreichen Umstellung auf
Käsespezialitäten hat die einzige noch exis-
tierende Meierei in Dithmarschen ihr
Überleben gesichert. 50 000 Liter Milch
werden täglich frisch von den Bauern
abgeholt und verarbeitet.*

bei entstehende Käsebruch in Formen gefüllt und in ein Salzbad gegeben wird. Wenn die Laibe auf die
unzähligen Holzbretter im Keller
verteilt und von Hand mit einer
Rotschmierekultur bearbeitet werden.

Und am Ende eines jeden Arbeits-
tags geht Hinrichs noch einmal
durch das Heiligtum des Unternehmens, den 15 Grad kalten Käsekel-
ler. Bei einer Luftfeuchtigkeit von
etwa 97 Prozent lässt er den Blick

über die Laibe schweifen und prüft sie auf seine Art: Boje Hinrichs haut mit der flachen Hand auf den Laib. Am Klang erkennt er, ob der Käse gesund ist. „Klingt es hohl oder dumpf, dann sind Bakterien in Gange, die da nicht reingehören und Gase bilden. Klingt es fest, dann ist es gut", erklärt er. Auch bohrt Hinrichs nicht etwa Löcher in den Käse hinein. „Wir testen den Käse, indem wir ihn durchschneiden oder ein Stück abschneiden", verrät der selbsternannte „Käsemeister vom alten Eisen".

So entwickelt der Käse aus Sarzbüttel im Keller sein typisches Aroma. Nach gut drei Wochen ist er laktosefrei. In der Regel reift er zwischen vier Wochen und drei Monate, manchmal auch bis zu sechs Mo-

*Ein echter Sturkopf, wenn es um die Qualität seines Produkts geht: Käsemeister Boje Hinrichs. Nach 47 Jahren im Beruf erkennt er die Güte des Käses am Klang – draufklopfen reicht.*

nate lang. „Nicht jeder Käse ist gleich im Geschmack. Das ist immer noch ein Naturprodukt", sagt Geschäftsführer Stöfer. Ist ein Käse noch nicht reif, bleibt er noch zwei Wochen länger liegen. „Das unterscheidet uns von Standardware. Wir entscheiden nach der Qualität, nicht nach der Zeit", betont Stöfer. Bis zu 28 verschiedene Sorten hat die Meierei Sarzbüttel im Sortiment, darunter so beliebte wie den würzigen Nordseekäse und den sahnigen Schlemmerkäse oder so seltene wie den herzhaften Steinbuscher aus Ostpreußen und den in kaltem Buchenrauch entstehenden Katenrauchkäse. Ein Ladengeschäft mit kleiner Käsetheke bietet die Produkte frisch an. Über die angeschlossene Vertriebs- und Marketinggesellschaft Gut von Holstein landen die Sorten bundesweit in Supermärkten. „Unser Käse geht auch nach Namibia, in unser weitestes Exportland. In der ehemaligen deutschen Kolonie leben immer noch viele Deutsche, die gerne ab und zu mal einen kräftigen Tilsiter mögen", erklärt Stöfer.

Insgesamt geht der Trend unter den Käseliebhabern zu Verpackungen mit kleinen Scheiben. Auch bleiben die Kunden überwiegend bei Vertrautem. „Neuheiten oder Sorten wie Steinbuscher haben es schwer und werden immer mehr zurückgedrängt, weil sie einfach zu speziell sind", erklärt Stöfer. Zwar habe auch Deutschland jene Käsevielfalt, für die Länder wie Frankreich und die Schweiz berühmt seien, doch fehle es hierzulande an den Abnehmern. Jedes Jahr wieder testet Stöfer mit Hinrichs andere Geschmacksrichtungen. Doch wirklich stabil sind nur die Klassiker, die Naturgereiften. „Das ist der Weg, den wir weiter gehen müssen", ist sich Stöfer sicher. Immer wieder lockt seine Meierei mit Verkostungen neue Kunden an: „Und wer unseren Käse einmal probiert hat, kommt meist auch nicht mehr an uns vorbei. Wir machen die Menschen mit unserem Käse ein bisschen abhängig."

Der Geschäftsführer nimmt durchaus wahr, dass immer mehr jüngere Menschen die naturgereiften Produkte aus Dithmarschen entdecken. „Und die Kunden legen doch langsam wieder mehr Wert auf qualitativ hochwertiges Essen, wollen sich bewusst ernähren. Sie achten darauf, was sie verzehren", sagt Stöfer. Demzufolge sei sein Käse bestens geeignet, weil er „Natur pur und ohne Zusätze" sei. Dass man dafür etwas mehr Geld ausgeben müsse, sei in den Köpfen der Verbraucher angekommen. Das Kilogramm Käse kostet bei der Meierei in Sarzbüttel mindestens 9,90 Euro und liegt Stöfer zufolge im mittleren Preissegment. So sieht der Geschäftsführer die Genossenschaft im 125. Jahr ihres Bestehens für die Zukunft gut aufgestellt.

# Häusliche Krabben

*Von Jana Werner*

**Urthel Krabben & Fischdelikatessen Friedrichskoog**
Alfred Carsten Urthel
Hafenstraße 71,
25718 Friedrichskoog
T. 04854 291
www.urthel.de
Öffnungszeiten: Di–So 9–19 Uhr

Im richtigen Moment das Richtige machen – das könnte so etwas wie ein Motto für die Urthels aus Friedrichskoog sein. Offen stellt sich die Familie, die in dritter Generation Nordseekrabben fischt, den Herausforderungen der Zeit und scheut sich dabei nicht, ungewöhnliche Wege zu gehen. Bei den Urthels werden die Krabben nämlich nicht wie heute üblich zum Pulen ins knapp 3000 Kilometer entfernte Marokko und zurück geschickt, sondern mit einer Maschine zu Hause in der Friedrichskooger Hafenstraße geschält. Das Ergebnis: „Unsere Krabben sind wirklich frisch. Und das schmeckt man", sagt Alfred Urthel.

1991 hat sein Vater die erste Krabbenpulmaschine angeschafft, mittlerweile rattern vier der silbernen Exemplare in der Halle neben dem Fischgeschäft vor sich hin. Dabei muss die Maschine jede einzelne Krabbe zunächst strecken, ehe sie von unten aufgesägt wird. Nachdem das Schwanzstück abgezogen ist, liegt die Krabbe in einer Klammer. „Beim letzten Arbeitsschritt geht die Klammer auseinander, und eine Bürste bürstet das Fleisch aus dem Kopfstück heraus", erklärt Alfred Urthel. Die Maschine pule die Krabbe viermal schneller als ein Mensch. Und doch sei diese Variante auf das Kilogramm gerechnet immer noch fünf Euro teurer als das Verschicken der Krabben nach Marokko oder Polen. 90 Prozent der Krabben gingen zum Pulen nach Nordafrika.

Warum er dennoch auf die hauseigene Krabbenpulmaschine setzt, ist für den 42-Jährigen ganz einfach: „Weil es ein Unding ist, dass man ein Eiweißprodukt 6000 Kilometer durch Europa karrt und hinterher ‚frisch' auf die Verpackung schreibt." Vehement habe sich seine Familie dagegen gewehrt, als die Zeiten endeten, in denen die Krab-

Mit dem familieneigenen Kutter SD8 „Rugenort" geht es auf der Nordsee auf Krabbenfang. Der Kutter mit 18 Meter Länge wurde bei L. Voss in Westerende-Kirchloog/Aurich gebaut.

ben noch direkt „achtern Diek" von Hand gepult und verkauft wurden. „Wir wollten die Krabben nicht verschicken, wir wollten eine andere Lösung finden. So sind wir auf die Krabbenpulmaschine gekommen und haben es nicht bereut", sagt Urthel. Nach wie vor ist er eigenen Angaben zufolge der Einzige in Schleswig-Holstein, der mit einer solchen Maschine arbeitet.

Der Erfolg gibt dem Unternehmer recht, denn die Qualität seiner Ware macht ihn konkurrenzfähig. Schließlich wandere sein Produkt keine 15 Kilometer von der Küste weg – es sei denn zum Kunden. „Wir bieten ein frisches Produkt an, das nicht nur hier gefangen, sondern auch hier verarbeitet wird. Vom An-landen bis zum endgültigen Verderb dauert es bei mir zehn Tage – bei den Krabben, die zum Pulen verschickt werden, etwa sechs Wochen. Da sollte sich der Verbraucher mal fragen, wie das bei einem Eiweißprodukt möglich ist", betont der gelernte Fischwirtschaftsmeister, der selbst fast zehn Jahre auf einem Kutter fuhr.

Viermal schneller als ein Mensch: Auch bei Urthels pulen inzwischen Maschinen die Krabben. Die Endkontrolle erfolgt allerdings weiterhin per Hand.

Inzwischen ist die harte Arbeit im Hause Urthel klar verteilt. Während der sieben Jahre ältere Bruder Jan in der Regel fünf Tage die Woche mit dem familieneigenen Kutter SD8 „Rugenort" auf der Nordsee auf Krabbenfang geht, holt Alfred die im salzigen Meerwasser gekochte Ware an Land ab und bringt sie in einem Kühlwagen nach Friedrichskoog im Kreis Dithmarschen. Dort wird die Delikatesse zunächst sortiert. Die Größten wandern entweder in Urthels Fischgeschäft oder gehen in den weiteren Handel, die Kleineren kommen in die Schälmaschine.

Auch dabei ist Krabbe nicht gleich Krabbe. „Die Maschine ist ein bisschen wählerisch", betont Alfred Urthel und fügt hinzu: „Die Krab-

ben müssen richtig schön krumm gekocht sein, das Schwanzteil muss am Kopfteil anliegen. Das ist für die Maschine sehr wichtig." Ferner sei dies ein Zeichen dafür, dass die Krabbe beim Kochen genügend Platz hatte. Nur dann könne sie sich krümmen. „Auch erkenne ich daran, ob eine Krabbe wirklich gar ist", erklärt Alfred Urthel. Sein Bruder Jan beherrsche dieses Kunststück – im Gegensatz zu anderen Krabbenfischern. Zu lang dürfen die Krabben nämlich auch nicht

kochen. „Die Krabbe soll zwar biss-
fest sein, aber bitte auch nicht wie
Gummi. Je länger sie gekocht ist,
umso fester wird sie. Und das gefällt
dem Kunden nicht."

Alfred Urthel möchte nicht stehen
bleiben. Er möchte Neues auspro-
bieren und Bewährtes weiterent-
wickeln. So ist sein Ziel für die Zukunft, dass sein Unternehmen alle
Krabben, die es selbst fängt, auch
selbst verarbeiten kann. „Momen-
tan verarbeiten wir etwa ein Drittel
der Krabben selbst, die wir gefangen haben", erklärt er. Neben dem
Ladengeschäft in Friedrichskoog
bietet die Familie ihre Ware auf
zahlreichen Märkten in Schleswig-
Holstein und Hamburg an oder per
Versandservice. Die Hauptsaison
der Krabben im Nationalpark Wattenmeer ist von Ende August bis
Mitte Oktober.

Die Entwicklung in seiner Branche
betrachtet Alfred Urthel mit Sorge.
Habe es zu Zeiten seines Großvaters
noch bis zu 700 Krabbenfischer an
der deutschen Küste gegeben, seien
es heute nur noch etwa 200. „Ende
der 1970er-Jahre waren hier im
Friedrichskooger Hafen noch 64
Schiffe gemeldet, jetzt sind es noch
32", erzählt Urthel. Er erklärt dies
unter anderem mit dem körperbe-
tonten Job auf dem Schiff, den immer weniger junge Menschen machen wollen. „Mein Bruder hat im
Jahr 4500 Stunden auf dem Zettel.

Man ist als Krabbenfischer nicht
viel zu Hause, allenfalls am
Wochenende – und das auch nicht
immer. Und es ist ein Job, der
schlecht bezahlt wird – es sei denn,
man macht viele Stunden."

Für diesen Beruf muss man Alfred
Urthel zufolge „ein kleines bisschen
geboren sein". Für seinen Bruder
und ihn sei der enorme Arbeitsauf-
wand stets normal gewesen. „Wir
sind damit aufgewachsen, haben es
bei unserem Großvater und unserem Vater nicht anders erlebt", erzählt der 42-jährige Vater einer
Tochter. Und auch die nächste Generation steht schon in den Startlöchern, denn beide Söhne von Bruder Jan Urthel sind bereits an Bord.
Alfred Urthel hat es sich indes zur
Aufgabe gemacht, die Verbraucher
aufzuklären: „Ich möchte die Kunden davon überzeugen, dass es noch
einheimische Produkte gibt, die
auch vor Ort verarbeitet werden:
Unsere Krabbe ist von hier, sie
bleibt hier und kann ruhigen Ge-
wissens gegessen werden." Er spürt,
dass sich im Bewusstsein der Verbraucher etwas ändert. „Immer
mehr Menschen sind bereit, für
wirklich frisches Krabbenfleisch ein
wenig mehr zu bezahlen", sagt
Urthel. Und: „Wer einmal zu uns
kommt, kommt immer wieder", da
ist er sich ganz sicher.

# Die süße Seite des Lebens

*Von Jana Werner*

**Wagner Pralinen
Brunsbüttel**
Jörg Wagner
Gutenbergring 3–5,
25541 Brunsbüttel
T. 04852 54900
www.wagner-pralinen.de

Jörg Wagner arbeitet in einem Paradies für Naschkatzen. Spätestens nachmittags verschwindet er in der süß duftenden Fabrik, probiert mal vom Marzipan, mal vom Champagnertrüffel, mal von der Praline mit Roter Grütze. Jörg Wagner ist Geschäftsführer der traditionsreichen Wagner Pralinen GmbH in Brunsbüttel – mit Leib und Seele. Seit Generationen hat sich seine Familie edler Schokolade verschrieben, die handgefertigten Spezialitäten aus dem Kreis Dithmarschen genießen Kunden in aller Welt.
Jeder der täglich zu Tausenden produzierten Trüffel ist ein filigranes Unikat. Mit viel Liebe zum Detail kreieren die gut 150 Mitarbeiter des Familienunternehmens das Sortiment. Sie rühren und drehen, verzieren und dekorieren. Von morgens bis abends im Wechselbetrieb. „Schokolade ist hochsensibel", sagt Jörg Wagner. Und jene Kunstwerke erschaffe man nur, wenn man auch hochsensibel damit umgehe. „Das

tun wir – in mindestens zehn bis fünfzehn Arbeitsschritten vom Rohprodukt bis zur fertigen Praline."
Es gibt zwei Möglichkeiten bei der Herstellung. Beim industriellen Hohlkörperverfahren wird eine hohle Schokoladenkugel mit einer Pralinen- oder Trüffelmasse gefüllt, mit einem Deckel verschlossen und mit Schokolade überzogen. „Wir hingegen benutzen das klassische Konditorenverfahren, bei dem wir vom Kern nach außen vorgehen", erklärt Wagner. „Wir erstellen eine Trüffelmasse aus ausgesuchten Kakaosorten, Butter, Sahne und anderen erlesenen Zutaten, formen diese Füllung zu einer Kugel oder zu einem Würfel und überziehen sie dann zweimal hauchdünn mit Schokolade." Zweimal? Die erste Schicht ist der Schutzmantel, die zweite die Grundlage für die Verzierung in Form von Strichen oder Splittern. „Erst einmal wollen wir das Auge motivieren und dann das Geschmackserlebnis", sagt Wagner, der tagesfrisch nach Auftragseingang produziert. Die hochwertigen Rohstoffe bezieht er aus Deutschland und insbesondere Belgien, das

nach wie vor eine Schokoladen-
hochburg ist. Dort findet er die
Vielfalt aus Vollmilch, Bitter und
Weiß in ihren unzähligen Variationen – sei es beim Kakaobestandteil,
beim Röstverfahren oder der Herkunft.
Doch dieses bestimmte Pralinenver-
fahren, vom Kern nach außen, das
haben die Wagners aus Brunsbüttel
perfektioniert. „Dadurch erreichen
wir einen größeren Anteil Trüffelmasse im Verhältnis zur Schokola-
denhülle. Denn bei einem Trüffel ist
die Füllung das Entscheidende",
schwärmt Jörg Wagner. Schließlich
müsse ein Trüffel am Gaumen ab-
schmelzen. „Gar nicht kauen, einfach nur auf der Zunge zergehen
lassen", sagt der Schokoladenlieb-
haber. Und weil seine Pralinen

Der Überzug ist einer von vielen Arbeitsschritten. Verziert werden die Pralinen
dann in Handarbeit.

möglichst unversehrt beim Kunden
ankommen sollen, verpacken seine
Mitarbeiter die Kunstwerke ebenfalls von Hand.
„Diese vielen Arbeitsschritte haben
den Vorteil, dass sie viele Kontroll-
schritte beinhalten", erklärt der
Geschäftsführer. Auch gebe das
Unternehmen dem Produkt noch
Zeit – die Zeit, die ein Industriebe-
trieb nicht mehr hat. Das Familienunternehmen fühlt sich stark mit
der Region verbunden, obwohl die
Kunden Schleswig-Holstein nicht

automatisch mit Pralinen und Trüffel verbinden. „Im Gegenteil, wir
müssen das immer wieder erklären,
warum wir ausgerechnet hier produzieren", sagt Jörg Wagner. Sein
Urgroßvater Emil gründete das Geschäft 1891, damals noch im Bereich Fischfang, Fischverarbeitung
und -veredelung, jedoch schon in
Richtung Feinkost. Sein Großvater
Willy entdeckte die Schokolade und
begann zu experimentieren. „Es war
ihm zu langweilig, als Kaufmann
nur hinter dem Ladentisch zu stehen", sagt Jörg Wagner. Nach dem
Zweiten Weltkrieg rückte die Schokolade vollends in den Mittelpunkt
des Unternehmens. Vater Reinhard
ging in die Schweiz, lernte das
Handwerk des Confiseurs – „von
der Pike auf, das klassische Prinzip

Bei Wagner Pralinen in Brunsbüttel wird
streng nach dem klassischen Konditorenverfahren gearbeitet. Alle hier gefertigten
Pralinen und Schokoladen unterliegen
strengsten Qualitätsstandards.

der Schweizer Frischrahmtrüffel" –
und brachte es mit nach Deutschland.
Gemeinsam mit seinem Bruder leitet nun Jörg Wagner das florierende
Unternehmen. Wie viele von seinen
Kunstwerken das Haus mittlerweile
verkauft, bleibt das Geheimnis des
Geschäftsführers. Aber der Umsatz
sei mit den Jahren stetig gewachsen.
Noch immer sind die klassischen,
nach jahrzehntealten Rezepturen

hergestellten Sorten die beliebtesten: der Champagnertrüffel, der Sahnetrüffel, der Rumtrüffel. Vor Ostern oder zu Anlässen wie Valentinstag und Muttertag steigt die Nachfrage. „Und ganz besonders Weihnachten ist die Zeit der Schokolade. Dabei geht es nicht nur um Weihnachtssterne, Marzipanbrote oder Trüffel. Auch normale Schokoladen und Pralinen werden mehr im Herbst und Winter gegessen als im Sommer", sagt Wagner, der von einer gläsernen Manufaktur träumt. In den wärmeren Monaten wagt sich das Unternehmen an neue Kreationen, testet aus, verwirft, entwickelt weiter – etwa mit Fruchtfüllungen oder Fruchtgelee. Während die Kunden einerseits offen sind für neue Geschmacksrichtungen wie Latte Macchiato oder Crème brulée, verlieren andere Schokoladen etwa mit Chili oder Pfeffer ihren Reiz. „Wir wollen dem Verbraucher stets neue Signale setzen und ihn durch die unterschiedlichen Stimmungen im Wechsel der Jahreszeiten mitnehmen. Es macht einfach das ganze Jahr Freude, Süßes zu genießen", sagt Wagner.

Zu kaufen gibt es Wagner-Pralinen im Schokoladenfachhandel, in Geschäften für Tee, Kaffee und Spirituosen oder im gut geführten Lebensmittelhandel. „Auch gibt es unsere Produkte in Fachabteilungen großer Kaufhäuser wie Kaufhof, das

KaDeWe in Berlin oder das Alsterhaus in Hamburg", sagt der Geschäftsführer. Neben dem Hauptmarkt Deutschland verschicken die Brunsbütteler ihre Ware bis nach Österreich, Italien, Portugal, Skandinavien und sogar nach Japan und China. Acht Trüffel, also 100 Gramm, kosten zwischen 4,50 und 5 Euro.

„So ein Familienunternehmen beschäftigt einen sieben Tage die Woche – und zwar im positiven Sinne", gesteht Jörg Wagner. Er sei in das Unternehmen hineingeboren worden und habe seinen Traumberuf gefunden. „Mir bringt das richtig Spaß." Und auch nach 46 Jahren nascht er noch jeden Tag „leidenschaftlich gern". Er könne und wolle nicht anders. Auch bittet er seine Mitarbeiter ständig, die Pralinen „zu essen, zu essen, zu essen" und sich darüber auszutauschen. „Wenn wir selber keine Leidenschaft für unser Produkt empfinden, wie sollen wir es dann verkaufen?" Außerdem: „Wagner-Pralinen machen nicht dick", sagt der Chef.

# Genusstipps

*für Dithmarschen*

### Alte Gärtnerei Oesterreich
### Heide

Judith und Dirk Oesterreich
Tivolistraße 22, 25746 Heide
T. 0481 67537
www.garten-oesterreich.de
Öffnungszeiten: Mi–Fr 14–18 Uhr,
Sa, So und feiertags (Gärtnerfrüh-
stück) 10–17 Uhr

Nur wenige Gehminuten vom Heider Marktplatz entfernt und von der
Straße her kaum zu erahnen, liegt
die Alte Gärtnerei Oesterreich. In
einem Gewächshaus, eingerahmt
von Linden, wartet das kleine Café
der Gärtnerei mit hausgebackenen
Kuchen und Torten auf seine Gäste.
Daneben werden Pflanzen und hüb-
sche Accessoires auf der rund 5000
Quadratmeter großen Gartenanlage
angeboten. Sitzecken, begehbare
Kräuterspiralen, ein Teich und ein
üppiger Gemüsegarten laden zum
Verweilen ein. Schafe und Hühner
lassen den Besucher schnell vergessen, dass er sich eigentlich in der
Stadt befindet.

### Waldcafé Altes Forsthaus
### Heide

Maike Saal
Forstweg 150, 25746 Heide
T. 0481 8557954
www.altesforsthaus.biz
Öffnungszeiten: Di–Sa 14–18 Uhr,
So 13–18 Uhr sowie nach Vereinba-
rung. Die Öffnungszeiten werden
an schönen Sommerabenden nach
Bedarf erweitert.

Das idyllische Café inmitten der
Heider Kreistannen ist ein beliebtes
Ziel für Fahrradgruppen und Spa-
ziergänger. Saisonal angepasste Ausstellungen von ortsansässigen Foto-
grafen und Künstlern lassen auch
Kunstinteressierte im rustikal gemütlichen Ambiente des Cafés verweilen. Torten und Kuchen nach
traditionellen Rezepten werden
auch außer Haus verkauft.

### Café Bunte Kuh
### Wöhrden
Wackenhusen 9, 25797 Wöhrden
T. 04839 953599
Öffnungszeiten: Juli–Aug täglich
14–18 Uhr, Mai–Juni, Sept–Okt
Mi–So 14–18 Uhr, Feb–April, Nov–
Dez Fr–So 14–18 Uhr

Süße Leckereien in Form von
selbstgebackenen Kuchen und Torten erwarten die Besucher des Cafés
Bunte Kuh in Wöhrden. Und die
Gäste dürfen selbst entscheiden, wie
groß das Stück werden soll. Auf die
kleinen Café-Besucher warten ein
Kinderspielplatz im Garten und ein
Spielzimmer. Die gesamte Anlage
ist rollstuhlgerecht ausgestattet.

### Hofcafé Fünf Linden
### Hemmingstedt
Familie Pankonin
Dorfstraße 49,
25770 Hemmingstedt
T. 0481 64941
www.hofcafe-fünf-linden.de
Öffnungszeiten: ab April Di–So
14–18 Uhr, ab 21. Okt Do–So
14–17 Uhr

Das Hofcafé Fünf Linden macht seinem Namen alle Ehre. Im heißen
Sommer können die Besucher gemütlich im kühlen Schatten der na-
mensgebenden Bäume selbstgebackene Torten und Kuchen genießen.
Für die jungen Gäste gibt es eine
Spielecke. Viel zu entdecken gibt es
auch im ehemaligen Kornspeicher.
Dort werden passend zur Jahreszeit
Kunsthandwerk und Geschenkartikel verkauft.

### Café Schäferei Rolfs
### Büsumer Deichhausen
Petra Rolfs
Marschenweg 26, 25761 Büsumer
Deichhausen
T. 04834 6545
www.schaeferei-rolfs.de
Öffnungszeiten: März–Okt täglich
8–17 Uhr, im Winter Sa–So 13–17
Uhr

Schafe, Ponys, Kühe, Hunde und
eine Menge Kuchen und Torten
machen einen Ausflug in das Café
der Schäferei Rolfs zu einem Aus-

flugsziel für die ganze Familie. Das gemütlich und stilvoll eingerichtete Café bildet den Mittelpunkt des Hofes. Unbedingt sollten hier der Kuchen im Glas und die Friesentorte probiert werden. Wem der Sinn eher nach Deftigem steht, hat die Wahl zwischen täglich wechselnden Suppen oder einem Brotzeitteller. Im integrierten Bauernhofladen sind schöne saisonale Geschenkartikel und Dithmarscher Spezialitäten erhältlich.

### Büsumer Krabbenstube „Zur Barkasse"

Christin Greco
Werftstraße 2, 25761 Büsum
T. 04834 2760
www.buesumer-krabbenstube.de
Öffnungszeiten: Do–Di 11–21 Uhr

In Büsums einzigartigem Fischrestaurant, das unmittelbar am Hafenbecken II gelegen ist, erwarten Sie lukullische Genüsse der Nordsee. Ob frischer Fisch, Krabben, Matjes-

filet oder Büsumer Kräuterlachs – in der Barkasse wird alles liebevoll angerichtet serviert. Der maritime und traditionsbewusste Stil des Hauses bietet heimische Gemütlichkeit und Platz für etwa 100 Gäste. Zudem genießen Sie vom großzügig angelegten Wintergarten einen weitläufigen Blick auf den Fischereihafen.

### Schnepels Radcafé Krumstedt

Reinhard Schnepel
Dorfstraße 15, 25727 Krumstedt
T. 04830 589
www.radcafe.de
Öffnungszeiten: Mo 14–19 Uhr,
Di–Fr 8–12 und 14–19 Uhr, Sa–So
8.30–19 Uhr

Ob als Radfahrer, Wanderer oder mit dem Auto unterwegs – Schnepels Radcafé hat für jeden eine passende Erfrischung. Neben Kaffee, Tee, selbstgebackenem Kuchen oder einem leckeren Eisbecher gibt es für den kleinen und größeren Hunger auch Schnitzel, Schinkenbrote und vieles mehr. Im Café-Garten haben die Kinder die Möglichkeit, sich auf Rutsche, Schaukel und anderen Spielgeräten so richtig auszutoben. In der Stöberdiele werden Bilder, Lampen, Karten und Blumengestecke von Hobbykünstlern aus der Region verkauft.

### Eselhof-Café Krumstedt-Feld

Stephanie und Walter Kristen
Vierthweg 1, 25727 Krumstedt-Feld
T. 04830 950146
www.eselhof-kristen.de
Öffnungszeiten: Sa–So ab 14 Uhr

Egal ob zum Sonntagsausflug mit den Kindern, zur Rast auf einer Radtour durch Dithmarschen oder nur mal so, um den Tieren „Guten Tag" zu sagen: Der Eselhof Kristen ist immer einen Besuch wert. Der Bauernhof lockt mit vielen Tieren und selbstgebackenen Torten und Kuchen. Ob Waldmeister, Himbeere, Schoko-Sahne oder Nuss-Marzipan – die süßen Sünden sind schon lange kein Geheimtipp mehr.

### Dithmarscher Gänsemarkt Gudendorf

Hauptstraße 1, 25693 Gudendorf
T. 04859 445
www.gänsemarkt.de,
www.gänsebetten.de
Öffnungszeiten: April–Weihnachten Di–So 10–19 Uhr

„Mit Gans viel Freude" – auf der Gänsefarm wird es nie langweilig, es gibt immer etwas zu entdecken: ob ein Besuch im Kükenstall oder Stöbern im Gänsemarkt. Von April bis August schlüpfen jeden Mittwoch neue Küken. Auf die kleinen Gäste wartet ein Spielplatz mit großem Klettergerüst und Spielwiese, im gemütlichen Kinderkino werden Klassiker wie „Nils Holgersson" gezeigt. Die Markthalle lockt mit hausgemachten Gänse-Leckereien, Pasteten und Wurstspezialitäten aus der Farmküche. An den Ständen wird außerdem Neues, Nützliches und Dekoratives für Haus und Garten angeboten, in der Daunenstube finden Besucher hochwertige Bettwaren und Kissen – in Handarbeit gefertigt und befüllt mit farmeigenen Daunen und Federn. In der gemütlichen Gaststube und im Gartencafé können frische Gänse-Spezialitäten gekostet werden.

**Ringhotel Landhaus Gardels**
**St. Michaelisdonn**
Jan Peters
Westerstraße 15–19,
25693 St. Michaelisdonn
T. 04853 8030
www.gardels.de
Öffnungszeiten: April–Okt täglich
18–22 Uhr, Nov–März Mo–Sa
18–22 Uhr

Die Räumlichkeiten des Gardels wurden 2012 komplett renoviert und sind bis weit über die Landesgrenzen hinaus bekannt. Die Gourmetküche verarbeitet auschließlich marktfrische Produkte aus der Region.

**Küstenhonig**
**St. Michaelisdonn**
Peter Stöfen
Am Rathaus 18,
25693 St. Michaelisdonn
T. 04853 880888
www.kuestenhonig.de

Gelee Royal, Propolis (Bienenharz) und natürlich die vielfältigsten Honige sind seit Jahrtausenden bekannt. Heute entdecken wir die wertvollen Produkte der Bienen neu: Nicht nur der Honig „kommt wieder verstärkt auf's Brot", sondern auch die anderen Erzeugnisse werden wieder als Nahrungsergänzungsmittel genutzt. Der Imkermeister Dr. Peter Stöfen stellt mit persönlicher Hingabe und fachlicher Kompetenz edlen Honig her, um eine natürliche Lebensweise zu unterstützen. Entdecken Sie, wie und wo die Bienen leben und wie bei „Küstenhonig" gearbeitet wird. Durch den Einsatz moderner, hygienischer Verarbeitungsmaschinen wird sichergestellt, dass die hohe Qualität des Honigs bis zum Abfüllen und Lagern erhalten bleibt.

## Gasthof Leesch
## Reinsbüttel

Hans-Joachim Leesch
Dorfstraße 14, 25764 Reinsbüttel
T. 04833 2289
www.gasthof-leesch.de
Öffnungszeiten: Di–So 12–14 Uhr
und 17.30–21 Uhr

Der Patron aus Leidenschaft lockt seine Gäste vor allem mit lecker zubereiteten Fischspezialitäten wie Lachs auf Krabben mit Muschelragout. Solche und viele andere Köstlichkeiten denkt sich Hans-Joachim Leesch aus. Als kulinarische Höhepunkte gelten besonders die regelmäßigen Überraschungsmenüs. Doch Leeschs Kochkunst lebt auch von dem Rahmen, in dem sie serviert wird. Dafür sorgt seine Frau Hannelore, die für das Ambiente des vor wenigen Jahren von Grund auf renovierten Gasthauses zuständig ist. Ein echter Familienbetrieb – vielleicht der Grund, warum sich Kinder hier wohlfühlen und gern gesehene Gäste sind.

## Denker's Landcafé
## Brunsbüttel

Heidi Denker
Groden 14, 25541 Brunsbüttel
T. 04852 6437
www.denkers-landcafe.de
Öffnungszeiten: Sa, So und feiertags 13.30–18 Uhr. Jeden zweiten Sonntag im Monat Frühstücksbuffet

Direkt am Elbdeich am Elbe-Radweg liegt der Hof der Familie Denker. Ob nach einer Radtour oder einem Deichspaziergang – hier kommen große und kleine Gäste auf ihre Kosten. Das Landcafé lockt mit belegten Broten, heißen und kalten Getränken und natürlich mit Kuchen und köstlichen Torten aus eigener Produktion. Die dafür benötigte Milch und die Eier kommen von den hofeigenen Kühen und Hühnern. Kinder können sich auf dem großen Spielplatz mit Trampolin, Rutsche oder Schaukel so richtig austoben. Wer es etwas ruhiger mag, kann in der Sandkiste spielen oder den Tieren im Stall einen Besuch abstatten. Und vielleicht ist ja auch eine Kutschfahrt möglich oder eine kleine Runde auf den Ponys.

**OSTSEE**

Fehmarn
Altjellingsdorf (112) • Klausdorf (111)

Burg auf Fehmarn

Heiligenhafen

Glücksburg (72)
Langballig (72)
**199**
**Flensburg**
(56–59)
Dollerup (73)
Quern (73)
Gelting (60–63)
Markerup-
Husby (74)
Sörup (64–67)
Kappeln
(74,75)
Groß Rüde (75)
**203**
Schönhagen (88)
Winnemark (88)
Nübel (76 )
Sieseby (89)
Damp (90)
Broderup (76)
Thumby (89)
Schaalby (77)
Holzdorf (90)
**Schleswig**
(68–71,77,78)
Rieseby (91)
Waabs (84–87,92)
Busdorf
(78,79)
Fleckeby (93)
**Eckernförde** (80–83,93)

**OSTSEE**

**7**
Alt Duvenstedt (94)
Bovenau (95)
**Kiel**
**502**
Schönberg (109)
Fiefbergen (109)
Muxall/ Passade (108)
Probsteierhagen (108)
Hohwacht (110)
**Heiligenhafen**
**1**
Heringsdorf (112)
**Rendsburg** (95)
**210**
**202**
Futterkamp (110)
**Oldenburg i.H.**
Hohn (94)
**215**
Engelau (111)
**77**
Langwedel (96)
Kühren (98–101)
**76**
Malkwitz (102–105)
Cismar (113)
Bissee (96)
**Plön**
Bad Malente (106)
**501**
Hanerau-
Hademarschen (97)
Loop (97)
Dersau (107)
Dodau (106)
Neustadt i.H.
(113)
**430**
**Neumünster**
Bosau (107)
Sierksdorf (114)
Ahrensbök (115)
Timmendorfer
Strand (114)
**432**
Travemünde
(115)
**Itzehoe**
**206**
**Bad Segeberg**
Warnsdorf (114)
**23**
**7**
**Lübeck**
**21**
**20**
**Bad Oldesloe**
**Pinneberg**
Ratzeburg
**Hamburg**
**1**
**24**
Elbe
**26**
Elbe

N

5 km

Die Nummern verweisen auf die
Seitenzahlen des Buches

# Die Ostseeküste

# Ein Schluck Kultur
*Von Jana Werner*

**A. H. Johannsen**
**Flensburg**
Martin Johannsen
Marienstraße 6/8, 24937 Flensburg
T. 0461 25200
www.johannsen-rum.de
Öffnungszeiten: Mo–Fr 10–18 Uhr,
Sa 10–15 Uhr

Wer sich in der Flensburger Marienstraße dem Haus mit der Nummer 8 und dem Schild „Hökerei" nähert, kann sich diesem unverkennbaren Aroma kaum entziehen. Es duftet nach Rum, nach Jamaika-Rum. Und es scheint, als befinde man sich plötzlich in einer längst vergangenen Zeit. In der historischen Marienburg im Hinterhof (Marienstraße 6) produziert die kleine, aber feine Firma A. H. Johannsen als letzte Traditionsfirma in der Stadt noch das wertvolle karibische Gold. In der „Hökerei" werden alle Johannsen-Spezialitäten verkauft, darunter auch köstliche Pralinen und ausgefallene Geschenkideen.

Martin Johannsen führt das Haus in vierter Generation. Und nach wie vor macht er das, was schon sein Urgroßvater vor 135 Jahren getan hat: „Wir kaufen fünf bis sieben Jahre alte und unterschiedlich schmeckende pure Rumsorten ein, lagern sie in Eichenholzfässern weiter, vermischen sie und verarbeiten sie, wenn der Rum etwa zwölf Jahre alt ist, zu einem Rum-Verschnitt." So hat es in Flensburg jedes Rumhaus gemacht.

Dutzende von ihnen hatten sich im 18. Jahrhundert in der Fördestadt niedergelassen, die damals noch Teil des dänischen Königreichs war. 1755 nahm das erste Flensburger Schiff Kurs auf die Kolonie Dänisch-Westindien, zur Karibikinsel St. Croix. Und neben Baumwolle, Tabak, Kaffee und Edelhölzern brachten die Besatzungen eben Rum und Zucker mit. Flensburg wurde zur wichtigsten Rumstadt Europas. Allerdings brach der Handel mit Dänisch-Westindien nach dem Deutsch-Dänischen Krieg 1864 ab. Die Seeleute konzentrierten sich künftig auf den Handel mit Rum aus Jamaika. Selbst nach dem Zweiten Weltkrieg existierten noch etliche große Häuser in Flensburg, doch eins nach dem anderen verschwand. Johannsen, 1878 von Andreas Heinrich Johannsen gegründet, blieb.

„Zwar mussten unsere Vorfahren mit mehr Konkurrenten leben, aber

Trotz automatischer Abfüllung kontrolliert Mitarbeiter Volker Momberger die Füllmenge der Flaschen immer wieder per Hand.

damals war auch der Schnapskonsum wesentlich höher als heute. Die Umsätze bei harten Spirituosen sind seit Jahren rückläufig, weil die Menschen inzwischen viel mehr Wasser und auch Wein trinken", erklärt Martin Johannsen das Aus für die Rumhäuser. Zusätzlich sei das geschehen, was in anderen Branchen ebenfalls passiere: Die Großen fressen die Kleinen. „Und wir waren wohl zu uninteressant, zu klein", sagt Johannsens Ehefrau Astrid Schlesinger.

Während das Unternehmen früher überwiegend Kioske, Kneipen und Restaurants belieferte, richtet sich das Augenmerk inzwischen mehr in Richtung Endverbraucher – notgedrungen. Auch Supermärkte gehören zu den Kunden der Johannsens. „Wir verkaufen und beliefern in ers-

ter Linie in und um Flensburg herum, in einem Umkreis von 40 Kilometern", sagt Martin Johannsen. Kleinere Mengen gehen nach Kiel, Hamburg und Bremen. Insgesamt verkauft der Betrieb jährlich etwa 70 000 Flaschen von jeweils 0,7 Liter. In Norddeutschland wüssten viele Menschen den heimischen Verschnitt, wie die Mischung aus Rum, Wasser und Agraralkohol genannt wird, zu schätzen, sagt der 49-Jährige. Seine dunkle Färbung

bekommt der Rum übrigens durch die Zugabe von flüssigem Karamell-zucker. Das Geschäft sei ein Ganz-jahresgeschäft und dennoch in der kalten Jahreszeit und vor allem an Weihnachten besonders stark aus-geprägt: „Das geht im Oktober schon los. Vor allem der Flensbur-ger schwört auf seinen Rum, kauft und verschenkt ihn noch gern." Neun verschiedene Sorten zwischen 8 und 40 Euro hat Johannsen im Angebot, darunter den echten Ja-maika-Rum Royal und Senior. Der Senior zum Beispiel ist mindestens vier Jahrzehnte alt. „Sein genaues Alter lässt sich nicht mehr nachvoll-ziehen und ist geradezu sagenum-woben. Denn mein Vater hat 1965 einige Fässer eines besonders ge-haltvollen puren Rums erstanden", erklärt der Geschäftsführer. Wie alt

Köstliches für Genießer: Martin Johannsen führt das Traditions-Rumhaus A. H. Johannsen in vierter Generation.

die Fässer aber damals bereits wa-ren, ist nicht eindeutig dokumen-tiert. „Schätzungen gehen von fünf bis zehn Jahren aus. Demnach wäre der Senior heute schon mehr als ein halbes Jahrhundert alt. Ein echter Rumgeschmack, der nicht wie viele andere Rumsorten in Richtung Co-gnac oder Whisky tendiert. Manch-mal hat er noch eine Spur von Schokolade", erklärt Martin Johann-sen. Andere hätten beim Senior Va-nille, Karamell, Backpflaumen und Kaffeearomen herausgeschmeckt. Viele trinken den Rum aus dem Hause Johannsen am liebsten in der

Cola oder genießen ihn als Grog, Pharisäer oder in der Feuerzangenbowle. „Alles in Maßen natürlich", sagt der Chef. Für ihn hat jede seiner Sorten eine besondere Note: „Aber von der Ehrlichkeit eines Rums finde ich den Verschnitt am besten, weil er immer noch nach Rum schmeckt." Jedoch sei Verschnitt nicht gleich Verschnitt. „Man muss schon einen gewissen Qualitätsstandard halten, um ein gutes Produkt zu bekommen", sagt der Inhaber, der mit seinen vier Mitarbeitern auch heute noch ausschließlich Rum aus Jamaika verarbeitet. Schließlich könne sein Unternehmen aufgrund der überschaubaren Größe und Leistung nur mit Qualität punkten. Zwar helfen den Johannsens Maschinen beim Abfüllen des Rums, doch vieles läuft in dem Unternehmen noch per Handarbeit ab. „Bevor eine Flasche das Haus verlässt, hat jeder von uns sie fünfmal in der Hand gehabt", erklärt der Geschäftsführer.

So hofft der gelernte Tischler, der vor 16 Jahren in den Familienbetrieb einstieg, auf eine Zukunft von Johannsen. „Mittlerweile ist es so, dass der Rum als Nische angesehen wird – ganz anders also als früher. Aber wir stellen auch fest, dass der Rum durchaus wieder interessanter für die Kunden wird", sagt der Chef. Im Hinterhof des roten Fachwerkhauses in der kleinen, engen Marienstraße, in dem sich der Betrieb seit 1912 befindet, tüftelt er deshalb stets an neuen Mischungen: „Die Ideen sind da. Aber dadurch, dass wir keine direkte Produktentwicklung haben, dauert das natürlich. Wir machen das zwischen Tür und Angel." Doch gerade diese Abwechslung mache den Reiz seines Berufs aus. Auch sei die Größe des Unternehmens „schon in Ordnung so. Wir haben noch Luft nach oben, wir können und wollen noch etwas wachsen", sagt Johannsen und fügt hinzu: „Aber je größer wir werden, desto größer werden die staatlichen Auflagen. Das wird dann immer komplizierter."

Folglich soll die Marienburg mit ihrem Turm von 1760 langfristig das Zuhause des Johannsen-Rums bleiben. „Wenn wir hier weggehen müssten, weil wir uns deutlich vergrößern wollten, ginge auch der Charme verloren, die Nostalgie und die Geschichte. Dieses Unternehmen macht auch ein Stück weit dieses Haus aus. Deswegen sind wir gerne hier", betont der Geschäftsführer. Wenngleich schon ein bisschen Idealismus dazu gehöre, ein Unternehmen dieser Art zu leiten. Aber: „Wir machen das wirklich gerne", sagt er. Und seine Frau Astrid Schlesinger betont: „Immerhin ist das ein Schluck Kulturgeschichte."

# Ein Traum aus Trümmern

*Von Jana Werner*

**Janbeck's Café, Pension & mehr
Gelting**
Uta Janbeck
Lehbek 10, 24395 Gelting
T. 04643 185400
www.janbecks.de
Öffnungszeiten: Do–Di 11–18 Uhr

Es begann mit einem Missverständnis. Als Uta Janbeck vor ein paar Jahren ihr Café an der Geltinger Bucht eröffnete, stand noch die Friesentorte auf der Karte – nach einem Rezept ihrer Mutter. Doch die Einheimischen wollten die Leckerei nicht einmal probieren. Es dauerte Monate, bis Uta Janbeck den Grund dafür entdeckte. Das, was sie als Friesentorte bezeichnete, ist in Angeln als Trümmertorte bekannt und eine beliebte Spezialität. Also gab sie ihrem süßen Traum aus Baiser, Sahne und Obst einfach einen anderen Namen. Seither reisen Gäste von nah und fern an, nur um Utas Trümmertorte zu genießen.

„Sie sieht aus, als wäre sie schon einmal heruntergefallen", beschreibt die 51-Jährige die verlockende Köstlichkeit. Vielleicht stammt daher der ungewöhnliche Name für die Trümmertorte. Andernorts heißt sie Gewittertorte oder Ozeantorte. Zudem ist es eine Kunst, sie in Stücke zu schneiden, ohne sie zu zerstören. Denn zwei luftig-feine Mandelbaiserschichten bilden die Grundlage für den Kuchen – einmal als Boden, einmal als Deckel, eine frisch-fruchtige Sahne-Pfirsich-Füllung umhüllend.

Doch es ist auch der Charme von Uta Janbeck, der verzaubert, ihr fröhliches Wesen, ihr herzliches Lachen – ob sie nun das Unkraut auf ihrem Hof rund um die uralte Linde jätet, ihre Gäste im Café verwöhnt oder in der Backstube steht, die braunen Locken von einem rot-weiß karierten Stirnband gebändigt. „Für mich ist Lachen normal, das Leben ist schon schwer genug", sagt die Meisterin der Hauswirtschaft, die vor elf Jahren noch einmal von vorn begann. Jung waren sie und ihr Stephan, ein gelernter Tischler und Systemarchitekt, Eltern geworden. Vier Kinder in fünf Jahren. „Als unsere drei Töchter und unser Sohn aus dem Gröbsten heraus waren, wollten mein Mann und ich noch einmal etwas anderes wagen. Jetzt oder nie", sagt Uta. In Ahrensburg, nordöstlich von Hamburg, war es dem Paar um die Jahrtau-

sendwende zu voll, zu laut, zu hek-
tisch geworden. Bei der Suche stie-
ßen sie schließlich auf den alten
Bauernhof in Gelting im Kreis
Schleswig-Flensburg, umgeben von
mehr als vier Hektar Land. Ein
Dreiseithof von 1789, im Ortsteil
Lehbek gelegen, unweit der Geltinger Bucht mit ihren naturbelassenen Stränden. „Aus heutiger Sicht
war das damals eine Ruine. Wir haben den Hof von Grund auf saniert", blickt Uta Janbeck zurück.
Mittlerweile erinnert nichts mehr
an die aufwendigen Bauarbeiten,
bei denen nur die Außenwände stehen blieben. Heute erstrahlt das
Anwesen in neuem Glanz, neben
dem backsteinroten reetgedeckten
Gutshaus noch zwei Scheunen mit
einer Pension und eben jenem zau-

Man muss nur wissen wie: Für Uta Janbeck
ist das Backen ihrer Trümmertorte „ganz
einfach", ein altes Familienrezept. Der Dreiseithof, unweit der Geltinger Bucht gelegen, geht bis auf das Jahr 1789 zurück.

berhaften Café. Sparsam ist die duf-
tende Oase eingerichtet, liebevoll
dekoriert, auf hellen Dielen, mit
sanft sich bewegenden Leinenvor-
hängen. Ohnehin umgibt einen das
Gefühl, dass stets eine angenehme
Brise durch Utas Café weht, die
Terrasse vor der Tür, die Ostsee so
nah.
Und wenn mal ein Gast keine Hilfe
braucht, kein Telefon klingelt, kein
Lieferant kommt, steht Uta Janbeck

in ihrer Backstube. Weil sie selten Zeit hat, hat sie ihre Kuchenkreationen ihrem Tagesablauf angepasst: „Ich habe den Betrieb bis vor drei, vier Jahren ganz allein gemacht – vom Putzen der Ferienzimmer bis zum Brötchen- und Kuchenbacken für das Café. Da muss man sich Rezepte suchen, die schnell und unkompliziert sind, die man immer zwischendurch machen kann." Wie die beliebte Trümmertorte, die „ganz einfach" sei. Dabei vermischt Uta Janbeck zunächst Eigelb mit Zucker, gibt Butter, Mehl und Backpulver hinzu. Den Teig verteilt sie auf zwei Kuchenformen von jeweils 28 Zentimeter im Durchmesser. „Dann schlage ich das Eiweiß vom Ei mit Zucker zu einer Baisermasse auf, hebe Mandeln unter, verteile alles auf die zwei Böden und ab in

Die Trümmertorte wird andernorts auch Gewittertorte oder Ozeantorte genannt. Hier kommen Pfirsiche hinzu.

den Ofen", erklärt sie. Nach dem Backen löst Uta die ausgekühlten, zerklüfteten Böden aus der Form, verteilt die steif geschlagene Sahne mit Pfirsichstücken auf einem davon und setzt den anderen als Deckel oben drauf. Fertig. In 45 bis 60 Minuten, ohne Kühlzeit. „Man kann für die Sahnefüllung auch Stachelbeeren oder Erdbeeren nehmen. Ich gebe Pfirsiche hinzu, weil ich es so von zu Hause kenne", sagt die gebürtige Hessin. Beliebt ist auch ihre Buchweizentorte mit Schokosahne und Preiselbeeren: „Das ist ein einfacher Biskuit, der mit Weizen- und Buchweizenmehl gemischt ist und dadurch eine leicht nussige Note erhält. Sowieso arbeite ich sehr viel mit Vollkornmehl, dadurch schmeckt es einfach alles anders."

In der Hauptsaison von Mai bis Oktober backt die Hausherrin täglich sechs Kuchen, am Wochenende mehr. Eine große Auswahl an umwerfenden Torten, dafür ist die Kuchenstraße entlang der Bundesstraße 199 zwischen Kappeln und Flensburg bekannt. „Wenn uns zum Beispiel Gäste aus Nordrhein-Westfalen besuchen, sind sie stets über die Fülle an Bauerncafés hier in der Region erstaunt. Das kennen sie aus ihrer Gegend nicht", sagt Uta Janbeck.

Neben ihren köstlichen Torten bereitet sie auch Gebäck wie die traditionellen britischen Scones sowie Brot, Konfitüren und Essig selbst zu. Sie achtet dabei auf Regionalität und saisonale Produkte, legt Wert auf „Bio". Im hofeigenen Gewächshaus gedeihen Tomaten, Paprika, Zucchini, Kürbis und Kräuter. Künftig möchte Uta Janbeck noch mehr eigene Produkte herstellen, noch mehr Brot, noch mehr Marmeladen. „Ich sehe, dass das gut läuft", sagt sie und möchte sich für die bevorstehende Saison mehr

Freiräume schaffen. „Ich bin dabei, es so zu strukturieren, dass es für alle Seiten gut ist – für die Gäste und für die Familie", erklärt die vierfache Mutter und sechsfache Großmutter. Zwei Auszubildende greifen ihr bereits unter die Arme. Und wenn „Not am Mann ist", springen auch die Kinder der Janbecks immer wieder ein.

Natürlich sei der Umbau des Hofes noch nicht vollendet, sagt das Ehepaar. „Aber wir sind dabei, uns unseren Traum zu erfüllen", lächelt Uta, während sie vom Café auf die Terrasse blickt. Groß ist das Stück Trümmertorte, breit und hoch, das sie kurz darauf auf den rot-weißen Teller hebt – so ist es üblich an der Kuchenstraße. Nur zehn Stücke schneidet Uta Janbeck aus jeder Torte. Wer sich nun sorgt, dem sei beruhigend gesagt, es ist zu schaffen, mühelos. Denn wer die Trümmertorte probiert, wird ihr verfallen.

# Nix zu meckern!

*Von Jana Werner*

**Jahnkes Ziegenkäse**
**Sörup**
Cindy und Wolfgang Jahnke
See-Enderstraße 6, 24966 Sörup
T. 04635 1575
www.jahnkes-ziegenkaese.de
Öffnungszeiten: ab April Di und Fr
13–17 Uhr, Sa 10–12 Uhr und 13–
18 Uhr

Es ist kein Zufall, dass die gebürtige Sächsin Cindy Jahnke hoch oben in Schleswig-Holstein, ausgerechnet in Sörup gelandet ist. „Schuld" sind ihre Großeltern, denn die hießen Sörup. Und weil sie den Ort, der ihren Familiennamen trägt, kennenlernen wollten, reisen Cindys Großeltern noch zu DDR-Zeiten von der Sächsischen Schweiz in die 700 Kilometer entfernte westdeutsche Gemeinde. Sie blieben zunächst nur für ein paar Tage. Nach dem Mauerfall kehrten sie immer wieder zurück. Cindy blieb gleich ganz. Und sie weiß, „es ist für immer". Denn in dem idyllischen Ort im Kreis Schleswig-Flensburg hat sie nicht nur ihren Mann Wolfgang gefunden, sondern sich mit einer Ziegenkäserei auch ihren beruflichen Traum erfüllt.

„Es war Liebe auf den ersten Blick, als ich 1991 nach Sörup kam", sagt Cindy. Auf dem Hof des Bürgermeis-ters machte die Familie Urlaub – inmitten der Moränenlandschaft, am Südensee, am Winderatter See. „Und da wusste ich: Das ist es, hier möchte ich leben", strahlt Cindy. Also packte sie ihre Sachen, ließ sich in Sörup nieder und machte eine Lehre als Kauffrau im Groß- und Außenhandel. „Meine Mutter war geschockt, denn 700 Kilometer sind weit weg", erinnert sich Cindy. Aber es war längst zu spät. Und dann lernte sie auch noch ihren sieben Jahre älteren Wolfgang kennen, einen Landwirt aus Sörup. „Dabei wollte ich nie einen Landwirt", sagt Cindy.

Heute kann sie sich nichts anderes mehr vorstellen. Vor 14 Jahren übernahm das junge Paar den Hof von Wolfgangs Eltern und baute den Ackerbau samt Milchvieh- und Sauenhaltung um. „Da wir ein kleiner Betrieb sind, mussten wir uns gut überlegen, in welchem Bereich wir Landwirtschaft betreiben wollten", sagt Cindy Jahnke. Also wälzte die selbsternannte Querschießerin in der Familie Bücher und machte sich schlau – auf der Suche nach etwas, was es in der Gegend noch nicht gab. Die zündende Idee hatte

Cindy schließlich bei einem Besuch im Tierpark Hagenbeck in Hamburg: „Dort waren wir mit unseren zwei Kindern im Streichelzoo, und dabei bin ich auf die Idee mit den Ziegen gekommen." Für ihren Mann sei es ein großer Schritt gewesen, sich als Landwirt künftig der Direktvermarktung zu widmen. „Er kannte das nicht. Ich auch nicht, und dennoch traute ich uns das zu", sagt die lebensfrohe Sächsin. 2004 starteten Cindy und Wolfgang mit vier Ziegen zum Melken, einem Bock und zwei Jungen zum Decken für den folgenden Winter. Sie haben sich für die Weiße Deutsche Edelziege entschieden – eine hochproduktive Milchziege mit einer kurzen und glatt anliegenden Behaarung. „Im Großen und Ganzen kann man Ziegen sehr gut halten", sagt Wolf-

*Liebe auf den ersten Blick: 40 Weiße Deutsche Edelziegen leben im umgebauten Schweinestall von Cindy und Wolfgang Jahnke. Die Tiere, die sich den Platz mit 24 Milchkühen und zwei Katern teilen, werden zweimal am Tag gemolken.*

gang Jahnke, der die Tiere sofort in sein Herz geschlossen hat. Neugierig und schlau sei sie, die Weiße Deutsche Edelziege, zeige sich gern und fresse den ganzen Tag. „Das ist das tollste Tier, das man im Stall haben kann", sagt er. Heute besitzt die Familie gut 40 Ziegen dieser Art, verwöhnt von Bock Euro, zudem noch zwei Dutzend Kühe und zwei Kater.

Hat sich das Käsen selbst beigebracht: die 39-jährige Cindy Jahnke. Ihre Spezialität sind die Ziegenbällchen (ausgezeichnet mit dem Gütezeichen Schleswig-Holstein) und der selbstkreierte „Ziegenknopf", ein handgeschöpfter Schnittkäse mit Bärlauch, Kümmel und Pfeffer.

Um vorbereitet zu sein, absolvierte sie Sachkundelehrgänge und probierte das Käsen zunächst mit Kuhmilch aus. Als die Ziegen dann kamen, musste es sofort losgehen. Es sei dennoch ein längerer Prozess gewesen, in dem sie sich das Käsen selbst beigebracht habe – inklusive Freude und Ärger, Fortschritten und Rückschlägen. Geblieben sei das Besondere ihrer Kleinkäserei, das, was sie von Großunternehmen unterscheide – die Probierlust und die Freiheit, einfach mal eine neue Sorte zu testen. „Ich bin mein eigener Herr, und das gefällt mir", sagt die zweifache Mutter, deren Betrieb seit 2007 Mitglied der KäseStraße Schleswig-Holstein ist.

Von März bis Oktober steht sie von morgens bis abends in ihrer gläsernen Käserei, produziert Leckereien wie Ziegenbällchen mit oder ohne Kräuter, Ziegenweichkäse nach Feta-Art, den Schnittkäse Ziegenknopf, den Singlekäse aus Ziegenrohmilch oder den monatelang gereiften Hofkäse. Allesamt in liebevoller Handarbeit. So wird etwa jedes einzelne Ziegenbällchen erst mit der Hand gerollt und dann in Öl eingelegt. „Das machen wir alles selbst", sagt Cindy und fügt stolz hinzu: „Inzwischen kann ich schon zwei Bällchen auf einmal drehen." Das Sortiment im kleinen Hofladen und im Internet komplettieren Ziegenmilch sowie Ziegenbutter und Ziegenfleisch. „Die kurzkettigen Fettsäuren der Ziegenmilch sind leicht verdaulich und somit für den Menschen verträglicher als Kuhmilch. Bei Allergien gegen Kuhmilchkäse bietet Ziegenmilch eine hervorragende Alternative", sagt Cindy. Ähnlich wie Kuhmilch liefert die Ziegenmilch ferner wertvolle Inhaltsstoffe wie Kalzium, Zink, Selen, Jod und Vitamine. Und weil die Sächsin immer gerne neue Ideen ausheckt, stellt sie seit 2013 auch noch Eis aus Ziegenmilch her – in Geschmacksrichtungen wie Vanille, Schoko, Mirabelle, Heidelbeere, Kirsche und Erdbeere, gänzlich ohne Farb- und Konservierungsstoffe, künstliche Aromen und pflanzliche Fette. „Die Geschmacksvarianten sind saisonal – also mit den Früchten, die es zu der Zeit gerade bei uns gibt", erklärt Cindy. Neben Supermärkten in der Region beliefert die Ziegenkäserei mit EU-Zertifizierung ein Restaurant in Hamburg sowie Kunden in ganz Deutschland und sogar in der Schweiz. „Wir käsen nach Bestellung, und es wird erfreulicherweise jedes Jahr mehr", sagt Cindy. 2012 hat die Familie eine Tonne Käse und mehr als 200 Kilogramm Butter produziert. Das Geschäft der Jahn-

Wollen keine Massenproduktion aufbauen, sondern besonders bleiben: Jahnkes Ziegenkäserei.

kes ist ein Saisongeschäft. „Wir müssen in den Produktionsmonaten das Geld verdienen, damit wir uns den Rest des Jahres ein wenig zurücklehnen können." Die Hauptarbeitszeit eines Landwirts sei der Sommer. „Wir kennen das nicht anders", sagt Cindy. Der Hof der Familie ist ein landwirtschaftlicher Betrieb in dritter Generation, und die nächste steht schon in den Startlöchern. „Unser Sohn ist schon als Landwirt auf die Welt gekommen." Für die Zukunft hat sie „noch viele Ideen", etwa in welche Richtung sich der Hof entwickeln müsste, um für die Zukunft fit zu bleiben. „Aber unser kleiner Betrieb muss erst einmal wie ein Käse noch ein bisschen reifen. Dann gehen wir den nächsten Schritt."

# Mosten am Wegesrand

*Von Jana Werner*

**Mobile Obstpresse
Schleswig**
Joachim Henes
Apfelannahme: Zuckerstraße 30,
24396 Schleswig
T. 0171 1941196
www.dein-apfelsaft.de

Joachim Henes' Herz hängt am Apfel. „Das habe ich schon mit 16 Jahren erkannt", sagt er. Auf einem Obsthof in Baden-Württemberg aufgewachsen, verschlug es ihn 1995 an die Schlei. Im sechs Hektar großen Obstgarten Riesboer in Brodersby im Kreis Schleswig-Flensburg fand er sein Glück und hält es seither fest. „Ich fühle mich als Schleswig-Holsteiner, hier bin ich zu Hause", sagt der mittlerweile 40-Jährige. Und weil ihm keine Großmosterei seine vergleichsweise kleine Menge an Äpfeln mehr abnehmen wollte, entwickelte er 2005 seine eigene Methode – eine mobile Apfelpresse, von der auch andere profitieren.

Das Grundprinzip ist so einfach wie genial: Alljährlich zur Erntezeit bringt der Kunde seine Äpfel, etwa 150 Kilogramm oder drei bis vier Schubkarren voll, zu Henes. Maximal 48 Stunden später ist der individuelle Saft aus den eigenen Früchten abholbereit. „Das haben wir in den vergangenen acht Jahren immer geschafft – bis auf einen Tag, an dem die Maschine kaputt war. Da hat es noch einen Tag länger gedauert", sagt Henes. Seine Kunden wüssten stets, woher ihr Saft komme und was drinstecke. „Unser Saft bekommt keine Zusatzstoffe, ist 100 Prozent Natur und eben kein Standardsaft aus der Großmosterei. So vielfältig die Apfelsorten sind, so vielfältig ist auch unser Saft." Henes schwärmt: „Wir haben Kunden, deren Sorten spät im Jahr erst reifen oder die einen Boskop lange am Baum lassen und ihn dann sortenrein verarbeiten lassen. Dann hat der Apfel einen höheren Zuckergehalt und ergibt durch den ebenfalls hohen Säurewert einen traumhaft intensiven Saft."

Der Hauptstandort seiner Presse ist an der Zuckerstraße in Schleswig. Zusätzlich nimmt der umtriebige Obstbauer noch Äpfel an zahlreichen mobilen Stationen an, die er mit seiner Presse auf Rädern von

September bis November regelmäßig ansteuert: in Aukrug bei
Neumünster, in Nehms bei Segeberg, in Meyn bei Flensburg, in
Winderatt bei Sörup sowie in Husum. Und wer mit seinen Nachbarn,
Freunden und Bekannten auf eine
stattliche Menge von sechs Tonnen
Äpfeln kommt, den besucht Henes
sogar direkt zu Hause. „Oft pressen
wir am Nikolaustag zum letzten
Mal in der Saison, das hat sich so
eingebürgert", sagt Henes.
Dabei ist der Vorgang bei seiner
mobilen Presse, die auf einem vier
mal zwei Meter großen Anhänger
steht, stets der gleiche: Die Äpfel
fallen aus einer Kiste in ein Wasser-
bad und werden gewaschen. Anschließend werden sie mithilfe eines
Schneckenelevators, eine Art Wen-

300 Kilo Äpfel ergeben bei Joachim Henes
über 200 Liter schmackhaften Saft. Für
seine mobile Presse benötigt er neben einer
festen Standfläche nur noch einen Stark-
strom- und einen Wasseranschluss.

deltreppe, in einem senkrechten
Rohr nach oben transportiert. Dann
fällt der Apfel durch eine Lochplat-
tenmühle, wird geschreddert und
dann von einer Walze fünfmal gepresst und aufgelockert. Während
der dabei entstehende Saft über eine
Edelstahlleitung abfließt, sammelt
sich über ein Förderband der Feststoff des Apfels – auch Trester genannt – in einem Behälter. „Aus
einer 300-Kilogramm-Kiste entstehen 200 Liter Saft – also zwei Drittel

Saft und ein Drittel Feststoff", er- klärt Henes. Von der Edelstahllei- tung läuft der Saft in ein Fass, wird gefiltert und in die Abfüllanlage ge- pumpt. Dort erhitzt ein Brenner den Saft in etwa 25 Sekunden auf gut 80 Grad, ehe er mit einem Durchflussmengenzähler in Fünf- Liter-Beutel gelangt. Mit numme- rierten Kisten und Fässern stellt He- nes sicher, dass jeder Kunde den Saft aus seinen Äpfeln bekommt. „Der Beutel ist ein Jahr haltbar und sechs Wochen im Anbruch – ohne Kühlung", sagt Henes. Im Gegensatz zum Tetra Pak sei der Beutel, der sich zusammenziehen könne, nicht mit der Kartonage verschweißt. „Der Hahn lässt keine Luft hinein, dadurch bildet sich ein Vakuum, was ihn haltbar macht", erklärt der Obstbauer. Kinderleicht wird der

*Apfelkönig: Joachim Henes betreibt seine Apfelpresse seit 2005 mit Leidenschaft. Pri- vatkunden werden ab 150 Kilo Äpfel „ver- saftet". Deren Vorteil – jeder weiß genau, aus welchen Früchten sein Saft hergestellt wird.*

Beutel in dem Karton eingehakt und ist ganz praktisch über den Hahn abzufüllen. „Diese sogenannte Bag-In-Box-Ver- packung ermöglicht uns als Klein- mostern, mobil zu sein, um über- haupt noch Saft herzustellen. Fla- schenwaschanlagen sind so aufwen- dig, dass viele Kleinmoster daran zugrunde gegangen sind", sagt He- nes. Das Bag-In-Box-System sei der

Einstieg gewesen, um Kleinkunden wieder individuell bedienen zu können. Den Trester, das übrig gebliebene Fleisch des Apfels, gibt Henes einem Landwirt zum Füttern der Kühe.

Der Fünf-Liter-Beutel kostet 3,90 Euro, der wiederverwendbare Karton 1 Euro. „Meistens ist es so, dass die Kunden im ersten Jahr pro Beutel einen Karton kaufen, den sie jedes Jahr wieder benutzen", betont Henes. Der Saft aus den Äpfeln aus seinem Obstgarten kostet 7 Euro pro Fünf-Liter-Beutel. Im Einzelhandel liegt der Preis bei Säften vergleichbarer Anbieter zwischen 7 und 8 Euro.

Henes' Zielgruppe ist ganz bewusst überschaubar und regional im Norden Schleswig-Holsteins gehalten: „Wir produzieren den Apfelsaft nur für mich und meinen Verkauf, für jeden individuell und noch ein, zwei größere Kunden. Wir kaufen also weder Äpfel auf, noch gemischte Sorten an, sondern produzieren nur Saft aus dem Material, das uns der Kunde zur Verfügung stellt", erklärt der Vater von drei Kindern. Weil sich das für Großmostereien nicht lohnt, ist seine Idee der mobilen Presse in eine Lücke gestoßen. Diese Form der Kleinmosterei gibt es in Süddeutschland schon länger. Und dadurch, dass Henes Kunden mit ins Boot holte, trägt sich die gebraucht gekaufte Anlage. Unterstützt wird er bei seinem 16-Stunden-Tag lediglich von saisonalen Kräften, Aushilfen und seinen Kindern.

Dennoch ist sich Henes sicher, seinen Traumberuf gefunden zu haben. In Waldshut als Zweitgeborener eines Obsthofes zur Welt gekommen, absolvierte er eine kaufmännische Ausbildung und lernte noch den Beruf des Gärtners. „Mein älterer Bruder hat den elterlichen Betrieb übernommen. Darunter leide ich wirklich nicht, denn ich habe an der Schlei mein Zuhause gefunden", sagt Henes. Über ein Inserat kam er zu dem fast 80 Jahre alten Obstgarten Riesboer: „Ich musste erst auf die Landkarte gucken und habe dann entdeckt, dass nördlich von Hamburg auch noch Deutschland ist. Ich bin zuvor noch nie dort gewesen", schmunzelt der Naturbursche, der sich „auf den ersten Blick" in die Landschaft an der Schlei verliebte. Zwar sei sein Obstgarten ein kleiner Betrieb, aber Henes hatte „von Anfang an das Gefühl, dass es passt".

# Genusstipps

*für Kreis Schleswig-Flensburg*

**Koehn's Schlosskeller
Glücksburg**
Oliver Koehn
Schloss, 24960 Glücksburg
T. 04631 3858
www.schlosskeller.de
Öffnungszeiten: Mi–Fr 18–22 Uhr,
Sa–So 11–22 Uhr

Lassen Sie sich mit allen Sinnen
verwöhnen! Die Schlossküche ist
jung und kreativ und verarbeitet frische, regionale Zutaten zu köstlichen Gerichten. Die Speisekarte ist
bewusst klein gehalten, um Ihnen
beste Ware garantieren zu können.

**Lorenzenhof
Langballig**
Matthias Lehmann
An de Beek 4, 24977 Langballig
T. 04636 225
www.lorenzenhof-langballig.de
Öffnungszeiten: Di und Fr 15–18
Uhr, Sa 9–12 Uhr

Das Hofladen-Angebot umfasst
Obst und Gemüse frisch vom Feld,
und aus dem Stall gibt es Joghurt,
Quark, Käse, Butter, Eier, Schweine-
und Rindfleisch, Wurstwaren und
Weihnachtsgänse. Außerdem werden Brot und Säfte aus der Mosterei
angeboten.
Besonderheiten: Ställe und Scheune
können besichtigt werden. Bei
schönem Wetter laden Sitzgelegen-
heiten vor dem Hofladen zum Verweilen ein.

**Dolleruper Destille**
**Privatbrauerei Sauer und Hartwig**
**Dollerup**
Neukirchener Weg 8a,
24989 Dollerup
T. 04636 976618
www.alles-apfel.de
Öffnungszeiten: Hofladen täglich
10–13 Uhr und 15–18 Uhr, Wein-
stube Sa–Di 14–18 Uhr

Das Obst für die Obstbrände, Aqua-
vit, Aperitiv Apero, Apfelweine und
Säfte der Dolleruper Destille stammen von den Streuobstwiesen rund
um die Destille. Bei schönem Wetter lädt eine Terrasse zum Genießen
ein. Besonderheiten: In der Destille

werden diverse Feiern und Musik-
veranstaltungen angeboten. Regelmäßig findet dort jeden zweiten
Donnerstag im Monat eine Jazz-
Jamsession statt, der Eintritt ist frei.

**Jagdschloss Friedrichstal**
**Quern**
Elke und Henning Jürgensen
Friedrichstal 7, 24972 Quern
T. 04632 395
www.jagdschloss-friedrichstal.de
Öffnungszeiten: Fr ab 15 Uhr, Sa
und So ab 12 Uhr

Ruhig und idyllisch gelegen, inmitten der herrlichen Landschaft der
Flensburger Förde, befindet sich das
Jagdschloss Friedrichstal. Die alten
Gemäuer des historischen Gewöl-
bekellers von 1628 strahlen eine
stimmungsvolle Atmosphäre aus.
Hier werden Ihnen selbstgebackene
Kuchen und Torten, bäuerliche
Küche und würzige Wildgerichte
serviert. Außerdem gibt es für die
kleinen Gäste verschiedene Kinder-
menüs.

**Die Klingenhoffs**
**Markeruper Gänse und Enten**
**Markerup-Husby**
Familie Klingenhoff
Hauptstraße 7,
24975 Markerup-Husby
T. 04634 1363
www.klingenhoff.de
Öffnungszeiten: 23. Sept–23. Dez

Mitten im schönen Angeln betreibt
Familie Klingenhoff seit 1606 einen
rund 50 Hektar großen landwirtschaftlichen Betrieb. Seit 1988 spezialisiert sie sich ganz auf die Aufzucht von Geflügel und gehört damit zu den führenden Anbietern in
Schleswig-Holstein.
Viel Wert wird auf die bäuerliche
Aufzuchtsform gelegt – die Gänse
erhalten die dreifache Fläche safti-
ger Wiesen angeboten, die gesetz-
lich für die Auszeichnung der
bäuerlichen Freilandhaltung vorge-
schrieben ist.

**Aal- und Fischräucherei Föh**
**Kappeln**
Hans Friedrich Föh
Dehnthof 26–28, 24376 Kappeln
T. 04642 2274
www.foeh.de oder www.aalshop.de
Öffnungszeiten: Mo–Fr 8.30–18
Uhr, Sa 8.30–12.30 Uhr, ab Mai zu-
sätzlich Sa 8.30–16 Uhr, So 11–16
Uhr

Angeboten werden in der Aal- und
Fischräucherei Föh mit Buchenholz
und Erlenspänen geräucherte fang-
frische Fische direkt aus dem Räu-
cherofen, von A wie Aal bis Z wie
Zander. Markant sind die drei
Schornsteine mit der Aufschrift
FÖH, die das Stadtbild von Kappeln
prägen. Besonderheit: eine zum Teil
überdachte Fisch- und Bierterrasse
neben dem Verkaufsraum oberhalb
des Kappelner Hafens.

**Café Obstgarten**
**Kappeln**
Wolfgang Schnau
Ellenberger Straße 2, 24376 Kappeln
T. 04642 964340
www.cafe-obstgarten.de
Öffnungszeiten: Ostern–Sept täglich ab 9 Uhr; April und Okt Mo–Fr ab 12 Uhr, Sa und So ab 9 Uhr; Nov und Jan–Ostern Sa und So ab 13.30 Uhr

Entspannen Sie sich in der stilvoll hergerichteten Reetdachkate, im etagenförmig angelegten Außenbereich oder in den vielen kleinen Terrassenbereichen und genießen Sie den wunderschönen Ausblick über die Schlei. Umgeben von Obstgehölzen und Beerensträuchern, von Stauden und Rosen können Sie in Ruhe Kaffeespezialitäten, hausgebackene Kuchen und Torten sowie diverse Eisbecher und warme Speisen wie Fleischgerichte, Salate und Suppen probieren, während die Kinder im Sandkasten, auf der Federwippe oder in der Spielecke Unterhaltung finden. Bei schlechtem Wetter laden zwei Stuben zum Verweilen ein.

**Hof Ankersolt**
**Groß Rüde**
Christian Petersen
Hauptstraße 17, 24986 Groß Rüde
T. 04633 8115
www.ankersolt.de
Öffnungszeiten: täglich 8–18 Uhr

Hof Ankersolt ist ein alter Angeliter Dreiseithof, der sich seit dem 17. Jahrhundert in Familienbesitz befindet. Seit 1989 wird der Hof ökologisch bewirtschaftet, seit 2007 nach Demeter. Das Sortiment umfasst Getreide, Kartoffeln, Eier, Suppenhühner sowie Rind- und Schweinefleisch. Schwerpunkt ist die Geflügelhaltung. Der Hof ist Mitglied der Initiative „Bruderhahn", die verhindern will, dass männliche Küken getötet werden. Besonderheiten: Auf Anfrage werden Führungen für Gruppen angeboten. Feste Führungstermine und weitere Informationen auf der Homepage.

**Hof Bluschke
Brodersby**
Bernd Bluschke
Missunder Fährstraße 8,
24864 Brodersby
T. 04622 420
www.hof-bluschke.de
Öffnungszeiten: Mo–Fr 17–19 Uhr

Familie Bluschke legt großen Wert
auf ökologischen Landbau und die
Gesundheit ihrer Tiere. Schweine,
die Freude daran haben, sich zu
suhlen, grasende Rinder auf den saf-
tigen grünen Wiesen und pickendes,
frei laufendes Federvieh – all das
findet man auf dem Bauernhof in
Brodersby. Durch den Einsatz der
Bio-Landwirtschaft garantieren sie
für hochwertige und geschmacklich
wertvolle Qualität ihrer Erzeugnisse,
die Sie im hofeigenen Laden erste-
hen können.

**Gemüsegärtnerei Breklingfeld
Nübel**
Julia Johannsen und Willi Höft
Breklingfeld 9, 24881 Nübel
T. 04621 51794
www.gemuesegaertnerei-
breklingfeld.de
Öffnungszeiten: Mi 16–18 Uhr

Das Sortiment dieser Gärtnerei
zeichnet sich durch seine Gemüse-
vielfalt aus. Auf rund zehn Hektar
Land wachsen etwa 40 verschiedene
Gemüsesorten. Darunter finden
sich beispielsweise Feldsalate, Ra-
dieschen, Rucola, Tomaten, Paprika
und Gurken, aber auch Lauchzwie-
beln, Kohlrabi, Sellerie und Porree.
Darüber hinaus gedeihen auf über
400 Quadratmetern Gewächshaus-
und Freilandfläche ausgefallene und
bekannte Kräuter, köstliche Himbeeren und Heidelbeeren sowie
saftige Äpfel. Im hauseigenen Hofladen können alle Produkte tagesfrisch erworben werden. Ein besonderes Angebot der Gemüsegärtnerei
ist der Gemüsekisten-Lieferservice,
der abonniert werden kann, damit
regelmäßig frisches und unbe-
handeltes Obst und Gemüse im
Haus ist.

**Mühlenhof Uck**
**Schaalby**
Jörg Uck
Mühlenstraße 11, 24882 Schaalby
T. 04622 550
www.muehlenhof-uck.de
Öffnungszeiten: täglich 8–18 Uhr

Der mehr als 100 Jahre alte Müh-
lenhof ist seit drei Generationen im
Besitz der Familie Uck, und die drei
Generationen leben auf dem Hof.
Hofplatz und Stallungen liegen direkt am Haupthaus, das in traditio-
neller angeliter Bauweise mit Reet
gedeckt ist. Ein Schwerpunkt des
Mühlenhofs ist der Gemüseanbau.
In dem Hofladen werden Weißkohl,
Spitzkohl, Kohlrabi, Tomaten und
weiteres Gemüse aus dem eigenen
Anbau angeboten. Zudem gibt es
Eier, Kartoffeln, Erdbeeren und vieles mehr aus der Region. Angeboten
werden auch vorgezogene Setzlinge
wie Porree, Kohlrabi, Tomaten-
pflanzen und andere Gemüsesorten
zur entsprechenden Jahreszeit.
Besonderheiten: Freilaufgehege
zum Besichtigen der Hühner und
der kleine Streichelzoo.
Gegenüber vom Hof befindet sich
die Schaalbyer Wassermühle, die
besichtigt werden kann, Näheres
unter www.museen-sh.de/
Museensuche.

**Hofladen Königswill**
**Schleswig**
Bunde Wischen e. V.
Königswiller Weg 13,
24837 Schleswig
T. 04621 984080
www.bundewischen.de
Öffnungszeiten: Di–Fr 9–18 Uhr,
Sa 9–13 Uhr

Fleisch und Wurstwaren von in der
Region freilebenden Galloway-Rin-
dern sind die Spezialitäten des Hofladens Königswill in Schleswig. Im
Hofladen gibt es vom Galloway
Filet, Steak, Braten, Rouladen,
Gulasch, Hack, Salami, Katen-
rauchwurst, Jagdwurst, Mortadella,
Bratwurst, Würstchen sowie Fertigprodukte im Weckglas, darunter
Gulasch, Geschnetzeltes, Sauerfleisch, Rouladen, Bolognese, Braten, Gulaschsuppe, Galloböller, Kö-
nigsberger Klopse, Sülze und vieles
mehr. Darüber hinaus bietet der
Hofladen ein Vollsortiment an Bio-
Waren aus der Region.

**Hotel Waldschlösschen Schleswig**
Hans-Werner Behmer
Kolonnenweg 152, 24837 Schleswig
T. 04621 3830
www.hotel-schleswig.com
Öffnungszeiten: täglich 12–14 Uhr
und 18–22 Uhr

**Wikingermuseum Haithabu Café Busdorf**
Oliver Firla
Am Haddebyer Noor 5,
24866 Busdorf
T. 04621 35343
www.haithabu-cafe.de
Öffnungszeiten: April–Okt täglich
10–17 Uhr

Lassen Sie sich die Kreationen der Köche auf der Zunge zergehen und genießen Sie die überwiegend regionalen Produkte, die zu köstlichen Speisen verarbeitet werden: fangfrischer Fisch, Wild aus den hiesigen Wäldern sowie Backensholzer Käsespezialitäten (siehe Seite 27). Und selbst die aromatischen Kräuter werden aus den hoteleigenen Beeten geerntet.

Im Herzen der Wikingerwelt werden nordische Salate und Snacks, hausgemachte Backwaren, köstliche Kuchen und Kaffee sowie erfrischende Getränke zu fairen Preisen angeboten – bei schönem Wetter auch auf der windgeschützten Terrasse mit Traumblick aufs Haddebyer Noor.

**Wikingerschänke**
**Busdorf**
Franziska Kittler
Am Margarethenwall,
24866 Busdorf
T. 04621 32190
www.wikingerschaenke.de
Öffnungszeiten: Fr–Sa ab 16 Uhr,
So 10–16 Uhr

Nordisch leicht oder rustikal nach
Wikingerart – das besondere Erleb-
nisrestaurant in Haithabu bietet
herzhaft-regionale Menüs vom traditionellen Holzgrill oder frische,
leichte und moderne Gerichte –
alles aus regionalen Zutaten.

**Odins Haddeby**
**Busdorf**
Oliver Firla
Haddebyer Chausee 13,
24866 Busdorf
T. 04621 850500
www.gasthaus-haddeby.de
Öffnungszeiten: täglich 7–23 Uhr

Hier haben Sie die Wahl zwischen
dem Restaurant mit Kamin, der
Brasserie mit offener Küche, der
überdachten Terrasse und dem
Biergarten mit Schleiblick. Wie Sie
sich auch entscheiden: Es erwarten
Sie eine nordische Frischeküche der
Saison, köstliche Backwaren und
Torten sowie ein charmanter
Service.

# Goldgelbe Delikatesse

*Von Jana Werner*

**Meergold – Rehbehn & Kruse
Fischdelikatessen der Spitzen-
qualität**
**Eckernförde**
Berndt Kruse
Jungfernstieg 19, 24340 Eckernförde
T. 04351 2814
www.meergold.de
Öffnungszeiten: Mo–Fr 8.30–18 Uhr,
Sa 8–13 Uhr

Sie ist nur etwa 14 Zentimeter lang,
glitzert goldgelb und wird in einer
schlichten Holzkiste in die Welt verschickt – die Kieler Sprotte. So besonders wie ihr Geschmack ist auch
die Geschichte der Delikatesse aus
Eckernförde. Berndt Kruse ist der
einzige noch verbliebene Räuchereibesitzer in dem Ostseebad nord-
westlich von Kiel. Unermüdlich hält
der 53-Jährige die Tradition seiner
Geburtsstadt trotz Fischereikrise,
EU-Fangquoten, strengen Abgas-
verordnungen und hart umkämpf-
tem Markt aufrecht.
1919 gründeten seine Vorfahren die
Firma Rehbehn und Kruse – in
einer Zeit, in der nahezu zwei Drittel der Bevölkerung in Eckernförde
in den etwa 30 fischverarbeitenden
Betrieben beschäftigt waren. Sie
allesamt lebten in scheinbar paradiesischen Verhältnissen, als noch
Schwärme von Sprotten und Herin-
gen zum Laichen in die Bucht kamen und den Fischern volle Netze
bescherten. In den sogenannten
Altonaer Öfen verarbeiteten die
Räuchereien die Sprotten weiter
und hüllten den kleinen Küstenort
dabei stets in dichte Rauchschwa-
den. Doch der Niedergang der
Wirtschaft nach den zwei Weltkrie-
gen sowie die hohen Umweltschutz-
auflagen seit den 1980er-Jahren
drängten die Räuchereien an den
Rand ihrer Existenz. Immer mehr
Firmen stellten den Betrieb in
Deutschlands einstiger Sprotten-
metropole ein. Übrig blieb das
Unternehmen von Berndt Kruse,
das mittlerweile den Namen Meergold – Rehbehn & Kruse GmbH
trägt und knapp 20 Mitarbeiter beschäftigt.
Kaum etwas erinnert in dem Familienbetrieb am Eckernförder Jungfernstieg noch an die Technik der
Vorfahren. Die alten Räuheröfen
mussten den computergesteuerten

Anlagen weichen, die täglich bis zu 16 000 Stück der unscheinbaren Sprotte für den Weltmarkt veredeln. Der arbeitserleichternde Räucherprozess ist nun umweltschonender. Schrittweise wird die Temperatur in der Räucherkammer erhöht, wobei dem beliebten Seefisch zunächst die Feuchtigkeit entzogen wird, ehe sich der Geschmack durch den Rauch aus einem Gemisch von Erlen- und Buchenspänen entfaltet. Die beiden Laubhölzer sind besonders gut geeignet, weil sie einen milden Rauch erzeugen, der sich jedoch sehr intensiv auf die Ware auswirkt. Nach wie vor werden die Sprotten, bevor sie für etwa zweieinhalb Stunden in die Räucherkammer kommen, einzeln in die Hand genommen und kontrolliert. „Die Sprotte

Meergold: Erst durch das Räuchern erhalten die Sprotten ihre markante Färbung. Der Seefisch wird bis zu 20 Zentimeter lang. Für die Herstellung der Kieler Sprotten werden allerdings kleinere Exemplare von rund 10 bis 14 Zentimeter Länge und einem Gewicht von etwa 25 Gramm bevorzugt.

ist eine eigenständige Fischart und wird oft mit dem Hering verwechselt. Dabei hat sie ein markantes Merkmal: Streicht man am Bauch zum Kopf hin und spürt kleine Widerhaken, dann ist es eine Sprotte. Das sind zum Teil Kielschuppen, die beim Hering fehlen – der ist glatt am Bauch", erklärt Kruse. Haben seine Sprotten den

Test erfolgreich bestanden, werden sie Stück für Stück aneinandergereiht auf einen Spieß gesteckt, zu Tausenden auf einen Wagen gehängt und geräuchert. Das erleichtert die anschließende akkurate Verpackung in den berühmten Holzkisten, bei der der Spieß nur noch aus den Köpfen herausgezogen werden muss.

Kruse bestellt seine Ware lediglich einmal im Jahr, denn nur dann entspricht die Sprotte seinen Qualitätsansprüchen. „Fischeinkauf ist eine saisonale Angelegenheit, meistens im November. Dann ist das Wasser kalt, dann ist der Fisch von der Konsistenz her fest genug, hat einen gleichmäßigen Fettgehalt und eine vernünftige mittlere Größe", sagt Kruse, der seine Rohware überwiegend aus dem Kattegat und Skager-

Bis zu sechs Millionen Sprotten gehen jährlich in den berühmten Holzkisten über den Ladentisch. Sie können komplett – mit Kopf und Schwanz sowie Gräten – verzehrt werden, da diese sehr weich und fein sind. Üblicherweise werden Kopf, Schwanz und die Hauptgräten allerdings nicht mitgegessen („Kopp un Steert sünt nix weert").

rak bezieht. In wenigen Tagen fangen die Lieferanten mit Fabrikschiffen seine Jahresproduktion, sortieren die Sprotten für ihn und schicken sie tiefgefroren nach Eckernförde. 100 Tonnen des Schwarmfischs kauft Kruse jedes Jahr ein, taut sie in den darauffolgenden zwölf Monaten auf und räuchert sie je nach Bestelllage. So gehen bei ihm zwischen fünf und sechs Millionen Sprotten pro Jahr über den Ladentisch. Seine Vorfahren waren noch den Schwankungen der Natur ausgesetzt. „Damals mussten die Betriebe von den Tagesfängen der Fischereien leben, waren von Wind und Wetter abhängig und hatten somit keinen Einfluss auf die Qualität." Aufgrund der Bestände wurde die Sprotte nur im Herbst und Winter verarbeitet, in den wärmeren Monaten blieben die Betriebe zu.

Trotz der ganzjährigen Produktion kann Kruse von der Kieler Sprotte allein nicht mehr leben. Längst hat der gelernte Kaufmann sein Sortiment den Gourmetbedürfnissen angepasst und um Aal, Lachs, Makrele, Forelle und Heilbutt erweitert. Der Versandhandel über das Internet ermöglicht es dem umtriebigen Geschäftsmann, das Juwel seines Unternehmens – die Sprotten – in alle Welt zu verschicken. Die kleinste Packung mit einem Gewicht von 250 Gramm kostet derzeit 4,50 Euro.

„Die Holzkiste ist für eine frisch hergestellte Räucherware eine der besten Methoden, den Fisch haltbar zu machen und zu lagern. Denn in der Holzkiste kann der Fisch atmen, in einer Plastikverpackung nicht", erklärt Kruse und empfiehlt, die gekühlte Ware vor dem Essen bei Zimmertemperatur vorzuwärmen.

Dann entfalte sich das volle Aroma. Und noch ein Tipp vom Fachmann: Bei einer Sprotte einfach mal die Haut abziehen. Ist das Fleisch darunter bräunlich-gelblich verfärbt, dann Finger weg. „Bei einer gelungenen geräucherten Sprotte ist das Fleisch schön fest und fast hell", sagt Kruse. Und dann nur noch Kopf und Schwanz abziehen, die beiden Filets in der Hand ein kleines bisschen auseinanderdrücken, die dadurch gelockerte Mittelgräte nach oben herausziehen und ab in den Mund.

Von dem „ganz eigenen, intensiven Geschmack nach Erlen- und Buchenrauch, nach Frische" schwärmt der Räuchereibesitzer. Das viel beschriebene Ostsee-Gold verkörpert für ihn eine lokale Besonderheit, das „Wahrzeichen der Herzen" von Eckernförde. Kruse wird nicht müde zu betonen, dass die Kieler Sprotten eben nicht aus der schleswig-holsteinischen Landeshauptstadt stammen. Weil es in Eckernförde vor 1881 noch keinen Bahnhof gab, mussten Pferdefuhrwerke die geräucherten Sprotten zum nächstgelegenen Bahnhof bringen – und der war im etwa 25 Kilometer entfernten Kiel. Dort bekam die Versandware den Absenderstempel „Kiel Bahnhof", die Kieler Sprotte war geboren.

# Guter Honig ist wie Wein

*Von Jana Werner*

**Honigmanufaktur Flügelchen
Waabs**
Agnes Flügel
Seestraße/Immenhorst 2,
24369 Waabs
T. 04352 948987
www.fluegelchen-honig.de

Schon als Kind liebte Agnes Flügel
die Natur und alles, was kreucht
und fleucht. „Zwar hatte ich Angst
vor Spinnen, vor Insekten aber nie –
auch nicht vor Stechinsekten", sagt
die junge Frau. War es nun Schick-
sal oder doch nur Zufall, dass ausgerechnet die Begegnung mit einem
Imker ihr Leben Jahrzehnte später
veränderte? Wie auch immer, Agnes
Flügel nutzte diese Chance: Sie
tauschte ihren stressigen Bürojob in
einem Hamburger Medienunter-
nehmen gegen die Idylle auf dem
Land ein. In Waabs an der Eckernförder Bucht nahe der Schlei lebt sie
seither als Imkerin und kreiert ihren ganz eigenen, zauberhaften
Rapshonig.
Mit Zutaten wie Vanille, Zitrone,
Minze, Mandel oder Espresso lässt
Agnes Flügel ihren perlmuttfarbe-
nen, naturbelassenen Honig ver-
schmelzen. „Alle Gewürze und
Aromen kommen aus kontrolliert
biologischem Anbau", sagt die

46-Jährige. Die Sorten wechseln je
nach Saison. So gibt es etwa, inspi-
riert durch eine Italien-Reise, die
Geschmacksrichtung „Flügelchen
Nocciola" mit Haselnussmark – eine
samtige Honig-Nugat-Creme. Oder
für die kalte Jahreszeit „Flügelchen
Lebkuchen" mit Zimt, Anis und
Nüssen. Oder eben der Klassiker:
Rapshonig Natur.
Agnes Flügel ist angekommen in ihrem Leben. „Die Bienen sind ein
Bereich, in dem ich mich einbrin-
gen, alles selber gestalten und entscheiden kann", sagt sie. Dieses Gefühl hatte sie in ihrem früheren Beruf nicht mehr. In Kiel geboren und
aufgewachsen, studierte sie Kultur-
wissenschaft und ließ sich vom damaligen Boom in die Branche Neue
Medien spülen. Zehn Jahre arbeitete
sie in einem internationalen Kon-
zern als Online-Redakteurin.
„Das war eine tolle Zeit, aber ich
habe irgendwann gemerkt, dass mir
das zu schnelllebig ist. Ich habe
mich gefragt, ob es das ist, was ich
auch in Zukunft machen möchte.
Oder gibt es doch noch einen anderen Weg für mich?", erinnert sie
sich. In dieser Phase, vor gut neun

Jahren, traf sie während eines Urlaubs an der Eckernförder Bucht einen älteren Imker namens Bernie. Aus der zufälligen Begegnung auf einem Feldweg wurde Freundschaft. Bernie weckte Agnes' Leidenschaft für Bienen, brachte ihr alles über den Beruf des Imkers bei – „eine unglaublich schöne Erfahrung", sagt Flügel. Als Bernie starb, übernahm sie seine sieben, acht Bienenvölker. „Anfangs habe ich das als Hobby gemacht, ohne große Ambitionen, noch von Hamburg aus", betont Agnes Flügel. Doch als es in ihrer damaligen Firma immer öfter zu Umstrukturierungen kam, wollte sie nicht abwarten, bis es sie traf. „Also habe ich mich entschieden, lieber vom sinkenden Schiff zu springen, als tatenlos zuzusehen. Und da wa-

Und dann flogen die Bienen in ihr Leben: Agnes Flügel kündigte nach zehn Jahren ihren Job in der Medienbranche und machte sich mit einer Honigmanufaktur selbstständig. Ihre ersten Völker fanden in einem verwilderten Garten in Schwansen zwischen Schlei und Eckernförder Bucht ihr Zuhause.

ren die Bienen eine wunderbare Alternative", strahlt sie.
Heute besitzt die Imkerin gut 40 Völker, das sind etwa zwei Millionen Bienen. „Die meisten der etwa 100 000 Imker in Deutschland sind Hobbyimker mit jeweils zwei bis sechs Bienenvölkern. Berufsimker haben mindestens 100 Völker. Im Vergleich dazu habe ich wenige Bie-

nen", erklärt Flügel. Doch sie sei schon weit gekommen. „Ich befinde mich im Mittelfeld und bin mit 40 Völkern und meinem jetzigen Kenntnisstand gut ausgelastet. So kann es erst einmal bleiben." Natürlich durchlebt sie auch heute noch schwere Zeiten. Im Winter sei es längst nicht so idyllisch rund um ihr einsames, reetgedecktes Haus wie im Sommer. „Ferner betreibe ich Landwirtschaft, wo kein Jahr wie das andere ist. Ich muss viel lernen. Aber das gehört dazu, wenn man einen eigenen Laden aufbaut. Und ich komme voran."

Seit fünf Jahren lebt Agnes Flügel mit ihrem Mann auf dem etwa 2000 Quadratmeter großen Grundstück an der Ostsee, zwischen weiten Feldern, Wildblumen und Kräutern,

Es braucht starke Muskeln für ein feines Produkt: Imkerin Agnes Flügel beim Umfüllen des Honigs. Mit ihrer Bestäubung sorgen die Bienen für den Fortbestand von 80 Prozent unserer heimischen Blumen, Kräuter und Früchte.

entlang der scheinbar endlosen Naturstrände. Dort summen ihre fleißigen Bienen bei paradiesischen Bedingungen, um den Honig zu produzieren. Ist es ein sehr gutes Jahr, schafft ein Volk bis zu 80 Kilogramm. Bei der Ernte kratzt die Imkerin den Honig in Handarbeit zunächst von den Waben ab – entdeckeln nennt man das. Die dabei anfallende Masse wird geschleudert, gefiltert, gesiebt, wobei der Honig immer feiner wird. Entweder lagert

Agnes Flügel das Produkt nun ein oder rührt es, um es in Gläser abzufüllen. „Das Rühren ist mit sehr viel Handarbeit und Kraft verbunden. Denn gerade der Rapshonig hat die Angewohnheit, extrem fest zu werden, weil er sehr viel Traubenzucker enthält", erklärt sie. An der Konsistenz und der Farbe ist zu erkennen, ob der Honig fertig ist und abgefüllt werden kann. Ihre Geschmacksrichtungen kreiert sie nach ihren eigenen Vorlieben, denen ihrer Familie oder ihren Reiseerlebnissen. Mittlerweile existiert eine bundesweite Fangemeinde. Tausende ihrer Honiggläser gehen alljährlich über den Ladentisch. Ob nun Flügelchen Natur, mit Espresso oder Vanille – die Imkerin bietet ihren Honig über einen Online-Shop auf ihrer Internetseite oder in ausgewählten Geschäften und im Einzelhandel in mehreren Bundesländern an. In Schleswig-Holstein führen die Feinschmeckerei in Eckernförde, das TragBar-Kaffeehaus in Kiel und die Sylter Nudelmanufaktur in Tinnum den Honig von Agnes Flügel im Sortiment.

Honig ist nicht gleich Honig: Bei Flügelchen gibt es die Delikatesse in vielen verschiedenen Geschmacksrichtungen.

„Der deutsche Honigkonsum besteht zu 20 Prozent aus einheimischer Produktion und zu 80 Prozent aus Produkten aus China, Südamerika und Osteuropa, die nicht nur einen langen Transportweg hinter sich haben, sondern auch in der Art der Bienenhaltung fragwürdig sind", sagt Flügel. Dank des Deutschen Imkerbundes gebe es im Gegensatz dazu hierzulande einen hohen Qualitätsanspruch an den Honig, an die Reinheit und die Haltung der Bienen. „Bei den superbilligen Quetschflaschen aus dem Supermarkt werde ich wütend. Das schmeckt immer gleich. Dabei ist Honig wie Wein – er hat jedes Jahr eine neue Zusammensetzung und Qualität", schwärmt Agnes Flügel. Doch sie warnt, denn auch in Deutschland geht es den Bienen längst nicht mehr so gut wie einst: „Dieses sehr empfindliche Wesen wird von vielen Faktoren bedrängt, etwa von der intensiven Landwirtschaft, von der eingeschleppten Milbe sowie dem Anbau von Gen-Mais." Wer noch mehr über Bienen erfahren möchte, für den bietet die leidenschaftliche Honig-Botschafterin regelmäßig in Waabs eine kleine Bienenkunde an – bei Bienenstich und Kaffee.

# Genusstipps

*für Kreis Rendsburg-Eckernförde*

## Café und Bistro Hof Schwansen Schönhagen

Familie Flanjak-Suhr
Schloßstraße 8, 24398 Schönhagen
T. 04644 9704288
www.hof-schwansen.de
Öffnungszeiten: März–Mai Fr–Di
14–21 Uhr, Juni–Aug Mo–So 14–21
Uhr, Sept–Okt Fr–Mi 14–21 Uhr,
Nov–Mitte Jan Fr–Di 14–20 Uhr

Das Café und Bistro liegt im umgebauten Bauernhof Hof Schwansen.
Heutzutage beherbergt er verschiedene Ferienwohnungen. Das helle
und freundliche Bistro bietet in der
Hauptsaison an jedem Sonntag ein
reichhaltiges Frühstücksbuffet von
9.30 bis 12 Uhr an. In der Nebensaison findet es an jedem 1. Sonntag
im Monat statt.

## Landcafé Hof Bocksrüde Winnemark

Christian Siemes
Hof Bocksrüde, 24398 Winnemark
T. 04644 96690
www.bocksruede.de
Öffnungszeiten: März–Mitte Nov
täglich 14–19 Uhr

Das Landcafé liegt im über 200
Jahre alten Dreiseithof Bocksrüde.
Der Gast hat die Wahl zwischen den
gemütlichen Café-Räumlichkeiten
oder der sonnigen Terrasse. Angeboten werden selbstgemachte Torten und Kuchen mit Obst aus
Eigenanbau, herzhafte Snacks,
selbstgemachte Marmeladen und
Liköre sowie verschiedene Kaffee-
und Teespezialitäten. Während sich
die Erwachsenen bei Kaffee und
Kuchen entspannen, können die
Kinder die Tiere und das Leben auf
einem Bauernhof aus nächster Nähe
kennenlernen. Wer ein paar Tage
länger bei Familie Siemes verbringen möchte, kann eine der hofeigenen Ferienwohnungen mieten.

## Schlie-Krog
## Sieseby
Peter Möller
Dorfstraße 19, 24351 Sieseby
T. 04352 2531
www.schliekrog-sieseby.de

An der wunderschönen Schlei gelegen, ist der Schlie-Krog in Sieseby
weit über die Grenzen von Schleswig-Holstein bekannt, nicht zuletzt
auch durch die ZDF-Serie „Der
Landarzt".
Seit über 25 Jahren werden Gäste
des kleinen Traditionshauses in
zwei Galerie und auf einer
großzügigen Sommerterrasse mit
Blick auf die einzigartige Schlei-
Landschaft mit einer regionalen,
verfeinerten Küche und einer täglich wechselnden Speisekarte verwöhnt.

## Holunderhof Helle
## Thumby
Monika v. Rantzau
Helle, 24351 Thumby
T. 04102 44044
www.holunderhof-helle.de

Der kleine ökologische Hof zwischen Ostsee und Schlei bietet eine
Ferienidylle wie zur Jahrhundert-
wende um 1900. Auf der Streuobst-
wiese grasen Lämmer, und Rehe
streifen durch den Garten. Neben
Getreide werden auch die Früchte
der Obstwiese vermarktet: 30 alte
Sorten von Äpfeln, Birnen, Pflau-
men, Zwetschgen und Kirschen.
Außerdem gibt es Bio-Schafskäse
von den dort lebenden Schafen.
Wesentliche Produkte sind die
Holunderbeeren: Die Blüten und
Früchte aus der Plantage werden im
Bio-Handel oder an Selbstpflücker
verkauft.

**Die Kate**
**Damp**
Elisabeth Denker
Dorotheenthal, 24351 Damp
T. 04352 5111 oder -2318
www.reiterhof-tramm.de
Öffnungszeiten: täglich ab 11.30
Uhr, Nebensaison Mo Ruhetag,
Gruppen und Familienfeste jeder-
zeit nach Vereinbarung

Das Café und Restaurant liegt auf
dem Reiterhof Tramm vor den
Toren des Ostseebads Damp. Von
hier haben Sie einen direkten Blick
in die Reithalle, wo tägliches Ponyreiten stattfindet. Auf Anmeldung
werden auch Kutschfahrten geboten. Bushalt und Parkplatz vor dem
Café, außerdem eine Caféterrasse
und separater Clubraum mit Kamin
(60–80 Personen).

**Café & Bildhauerwerkstatt**
**Grünlund**
**Holzdorf**
Birgitt und Hans Wüllner
Grünlund 4, 24364 Holzdorf
T. 04352 2499
www.gruenlund.de
Öffnungszeiten: März–Okt Sa, So
und feiertags 12–18 Uhr

Das Café befindet sich in einem
über 250 Jahre alten reetgedeckten
Bauernhaus mit einem wunderschönen Obst-, Gemüse- und Kräu-
tergarten. Die Gäste können zwischen süßen selbstgemachten
Kuchen und Eis sowie herzhaftem
Gebackenen wählen. Die Speisen
werden überwiegend aus biologisch
angebauten und selbstgezogenen
Produkten hergestellt. Tee, Kaffee

und Kakao werden aus fairem Handel bezogen. Hans Wüllner, ein Holzbildhauer, stellt seine Skulpturen das ganze Jahr hindurch im Café-Garten und in seiner Werkstattausstellung aus. Außerdem werden in loser Reihenfolge Ausstellungen anderer Künstler gezeigt. Die Werkstatt selber kann in den Schließungszeiten und nach Vereinbarung besichtigt werden.

**Obsthof Gut Stubbe**
**Rieseby**
Johann Peter Kruse
Lindaunisbrücke 3, 24354 Rieseby
T. 04355 1458
www.gut-stubbe.de
Öffnungszeiten: Mi–So 9–18 Uhr

Das helle, lichtdurchflutete Café liegt idyllisch zwischen Himbeersträuchern und Kirschbäumen und gibt den Blick frei auf die Schlei. Bei schönem Wetter lädt die Terrasse zum Verweilen ein. Neben selbstgebackenen Obstblechkuchen und Torten werden Frühstück und ein wechselnder Mittagstisch angeboten. Im Hofladen gibt es Obst aus eigenem Anbau, Honig, Marmelade, selbstgepresste Fruchtsäfte, außerdem Gemüse, Eier, Fleisch- und Wurstsorten von der Gutsverwaltung Stubbe sowie diverse weitere Produkte.

**Riesby Krog**
**Rieseby**
Maria von Randow
Dorfstraße 37, 24354 Rieseby
T. 04355 181787
www.riesbykrog.de

Das seit 1850 bestehende Restaurant ist in weiten Teilen noch original erhalten. Sie können wählen zwischen dem liebevoll eingerichteten, etwas gediegeneren Gastraum und dem legeren Landbistro. In beiden Räumen können Sie eine saisonal wechselnde Karte genießen.

**Café und Bistro Gut Sophienhof Waabs**

Johannes Thomsen
Gut Sophienhof, 24369 Waabs
T. 04358 1025
www.gutsophienhof.de
Öffnungszeiten: März Sa und So ab
11 Uhr, April Fr–So ab 11 Uhr,
Mai–Okt Mi–So ab 11 Uhr
(Schließzeiten wetterbedingt)

In der ehemaligen Getreidetrock-
nung des Gutes gelegen, bietet das
Bistro-Café von Sophienhof die Ge-
legenheit, sich sowohl in den gemütlichen Innenräumen als auch
auf der Außenterrasse zu entspannen. Angeboten werden neben diversen Erfrischungsgetränken und
Kaffee auch kleine Snacks und verschiedene selbstgebackene Torten
und Kuchen. Neben der Möglichkeit, sich bei Kaffee und Kuchen zu
erholen, bietet Gut Sophienhof die
Möglichkeit, sich im Swingolf (eine
einfachere und weniger ausstat-
tungsintensive Variante des Golf-
spiels) und im Fußballgolf zu probieren. Übernachtungsgäste können
in der Heuherberge oder in einer
der finnischen Blockhütten die
Nacht verbringen.

**Gut Ludwigsburg Waabs**

Kurt-Jürgen Carl
Gut Ludwigsburg 1, 24369 Waabs
T. 04358 98818
www.gut-ludwigsburg.de
Öffnungszeiten: Hofcafé Di–So
10.30–20 Uhr, Hofladen in der Saison täglich

Das um 1400 erstmals erwähnte
Gut Ludwigsburg hat sich nach
einer wechselvollen Geschichte zu
einem modernen Wirtschaftsbe-
trieb entwickelt. Neben einem Gestüt mit Pferdezucht und Reiter-
ferien können für feierliche Anlässe
einzelne der prunkvollen Säle,
Räume und Appartements gemietet
werden. Außerdem finden über das
Jahr verteilt verschiedene Veranstaltungen in Form von Konzerten,

Festen oder auch Themen-Märkten statt. Die „Alte Räucherei", das Café und Restaurant des Gutes, besticht durch einen rustikalen Charme und die Möglichkeit, bei schönem Wetter auf einer Terrasse zwischen den alten Wassergräben zu verweilen. Im Hofladen kann man verschiedene Fleischsorten, Gemüse, Honig, Weine, Marmeladen und vieles mehr erhalten.

### Kunst Café
### Fleckeby
Gudrun Teuteberg-Tammling
Auf der Höhe 10, 24357 Fleckeby
T. 04354 742
www.kunst-cafe-fleckeby.de
Öffnungszeiten: Sa–Mi 14.30–18.30 Uhr

Das Kunst Café Fleckeby bietet familiäres Ambiente in einem umgebauten Familienhaus mit gemütlich gedeckten Tischen, Porzellan, silbernem Geschirr und verschiedensten selbstgebackenen Kuchen und Torten (auch halbe Tortenstücke und außer Haus). Spezialitäten aus Rosenblüten, Tannenspitzen, Holunderblüten und anderen Früchten werden ebenso angeboten wie verschiedene kunstgewerbliche Objekte. Ein Garten mit weit über hundert Rosen lädt zum Besuch ein.

### Tözeria
### Eckernförde
Udet Schwab
Marienthaler Straße 17,
24340 Eckernförde
T. 04351 735115
www.tözeria.de
Öffnungszeiten: Mo–Fr 10–14 Uhr

Diese exklusive Lokalität mit wunderbarer Atmosphäre bietet Ihnen einen täglich wechselnden Mittagstisch. Dazu genießen Sie hier verschiedene kleine Speisen und Snacks, die auf der Basis regionaler Produkte angerichtet werden. Ob rustikales Landbuffet, mediterrane Küche oder modernes Fingerfood – das Team vom Restaurant Tözeria verwöhnt Sie nicht nur in seinen charmanten Räumlichkeiten, sondern stattet auch gern Ihre privaten Feierlichkeiten oder geschäftlichen Events aus.

**Seehotel Töpferhaus**
**Alt Duvenstedt**
Arend Hesse und Peter Gross
Am See 1, 24791 Alt Duvenstedt
T. 04338 99710
www.toepferhaus.com
Öffnungszeiten: Mo–Fr 7–10 Uhr
und 12–22 Uhr, Sa–So 7–10.30 Uhr
und 12–22 Uhr

Die saisonale Landhausküche des
Töpferhauses ist überregional bekannt und vielfach prämiert. Besonders beliebt ist das Frühstück auf
der Seeterrasse, die einen herrlichen
Ausblick auf den Bistensee bietet.
Die Seewiese mit Deckchairs und
Badesteg ist ideal für einen ent-
spannten Nachmittag.

## Rosenhof Hohn

Regina Miethke
Westende 12, 24806 Hohn
T. 04335 921525
www.rosenhof-hohn.de
Öffnungszeiten: April–Okt täglich
14–18 Uhr, Nov–März Sa–So 14–18
Uhr

In einem ehemaligen Kuhstall wurden rund 70 Plätze in gemütlicher
Atmosphäre geschaffen. Hier ver-
setzen Antiquitäten des Cafés die
Gäste in eine andere Zeit.
Der Rosenhof serviert die verschiedensten Kaffee- und Teespezialitäten sowie hausgemachte Kuchen,
Torten und Eissorten. An schönen
Tagen finden sich auf der idyllischen Terrasse sonnige Sitzplätze,
die einen Blick auf das Storchennest
freigeben. In der Umgebung befindet sich das Naturschutzgebiet
„Hohner See".

**Café Marienhof
Rendsburg**

Kronwerker Moor,
24768 Rendsburg
T. 04331 467825
www.fnl-marienhof.de
Öffnungszeiten: Di–Fr 15–18 Uhr,
Sa–So 11–18 Uhr

In ländlicher Atmosphäre und mit
Blick in die Reithalle genießt man
hier Kaffee- und Teespezialitäten
sowie selbstgebackenen Kuchen
und kleine Speisen, die mit viel
Liebe zubereitet werden. An den
Wochenenden bietet das Café
Marienhof auch Frühstück und
Brunch an. Zudem eignet sich die
Lokalität für Veranstaltungen und
Festivitäten im privaten und
geschäftlichen Bereich.

**Himbeerhof Steinwehr
Bovenau**

Steinwehr 16, 24796 Bovenau
T. 04357 241
www.himbeerhof.de
Öffnungszeiten: Gartencafé,
Mai–Aug Festivitäten auf Anfrage,
Plantagen ab Anfang Juni täglich
8–19 Uhr

Mitten in Schleswig-Holstein in
idyllisch landwirtschaftlicher Lage
direkt am Nord-Ostsee-Kanal liegt
der Himbeerhof Steinwehr. Auf
rund 20 Hektar werden Beerenobst
und Süßkirschen in Plantagen angebaut. Der landwirtschaftliche Betrieb umfasst heute etwa 140 Hektar
Erdbeeren, Himbeeren, rote und
schwarze Johannisbeeren sowie Kirschen, die überwiegend in Selbst-
pflücke geerntet werden. Die liebevoll renovierte Festhalle bietet einen
rund 200 Gäste fassenden Festsaal.
Im Gartencafé wird leckerer
Kuchen aus der eigenen Hofbäckerei serviert, und im Hofladen sind
frisches Gemüse, Brot, Eier und
Honig zu haben.

**Hofcafé Pohlsee**
**Langwedel**
Pohlsee 1, 24631 Langwedel
T. 0160 90905698
www.hofcafe-pohlsee.de
Öffnungszeiten: April–Okt So und
feiertags 14–18 Uhr

Das Hofcafé bietet zum größten Teil
Produkte aus der Region an. So
werden beispielsweise die Säfte von
der Süßmostkelterei Alvesloherhof
(Kreis Segeberg) bezogen. Auch der
im Café servierte Käse und Schinken kommt aus Schleswig-Holstein.
Wenn es das Wetter erlaubt, können
die Kaffeespezialitäten sowie der
Kuchen auf der sonnigen Terrasse
genossen werden. Sie gibt den Blick
auf den Großen Pohlsee und über
die idyllischen Weiden des Gestüts
frei.

**Antik-Hof Bissee**
Renate Stamer
Eiderstraße 13, 24582 Bissee
T. 04322 2500
www.antikhof-bissee.de
Öffnungszeiten: Di–So ab 12 Uhr

Beim Gründungsmitglied von
„FEINheimisch – Genuss aus
Schleswig-Holstein e. V." ist die
Region die Seele der Küche. Im Jahr
2005 zum ersten zertifizierten Bio-
land-Restaurant Schleswig-
Holsteins gekürt, werden hier Ziegenkäse aus Boksee, Lammfleisch
aus Husum, Kartoffeln aus Wittenbergen oder Eier aus Tungendorf
serviert. Alle Zutaten stammen aus
der gesunden Nachbarschaft. Das
Wild wird von den Jägern der Umgebung bezogen und selbst zerlegt.
Die saisonale Küche genießt man
zudem in der unverwechselbaren
Atmosphäre des ehemaligen Kuh-
stalls. Im Hofladen in der Scheune
gibt es die Möglichkeit, die in den
Menüs verwendeten Zutaten zu
kaufen.

**Looper Antik & Café-Stübchen**
**Loop**
Susanne und Heiner Gier
Hauptstraße 10, 24644 Loop
T. 04322 3305
www.looper-antik-cafe.de
Öffnungszeiten: Di–So 14–18 Uhr

Auf 200 Quadratmetern findet sich
neben Möbeln, aktuellen Stoffen
und Ausgesuchtem zum Dekorieren
das Café-Stübchen, in dem rund 60
Gäste Platz finden. Die angebotenen
Kuchen und Torten werden von der
Inhaberin Susanne Gier, der besten
Hobbybäckerin Deutschlands (gekürt von der Vox-Sendung „Torten-
schlacht"), mit Liebe in der hauseigenen Küche gebacken. Seinen
besonderen Charme erhält das
Café-Stübchen durch die vielen
Antiquitäten, die das Inhaber-
Ehepaar auf seinem Hof ausstellt
und zum Verkauf anbietet.

**Café Alte Scheune**
**auf Gut Hanerau**
**Hanerau-Hademarschen**
Familie Niemöller
Gut Hanerau,
25557 Hanerau-Hademarschen
T. 04872 2291
www.gut-hanerau.de
Öffnungszeiten: Mai–Sept So und
feiertags 14.30–17 Uhr

In malerischer Umgebung finden
Sie hier Ruhe, Entspannung und
Gemütlichkeit. Das familiengeführte Café backt nach altbe-
währten Hausrezepten, auch aus der
Familie Theodor Storms, der hier
von 1880 bis 1888 lebte. Zudem stehen gemütlich eingerichtete Räumlichkeiten für Familienfeiern und
Festivitäten jeder Art zur Verfügung. In der unmittelbaren Umgebung befinden sich das im klassizis-
tischen Baustil erbaute Herrenhaus
auf der alten Burginsel im Mühlen-
teich, der Waldpark mit dem in
Norddeutschland einmaligen Fried-
hof sowie die Bronzestatue des
Dichters Theodor Storm im
Hanerauer Park.

# Spezialitäten aus der Kate

*Von Jana Werner*

**Appelwarder Spezialitäten Kate Kühren**

Helge Klüver und Ralf Lehmitz
Appelwarder 3, 24211 Kühren
T. 04342 88799
www.appelwarder.de
Öffnungszeiten: Do–Fr 7–18 Uhr,
Sa 7–13 Uhr

So muss das Schlaraffenland aussehen – zumindest in den Köpfen vieler Menschen, wenn sie die Appelwarder Spezialitäten Kate in Kühren im Kreis Plön betreten. Auf 1000 Quadratmetern, verteilt auf drei Etagen, hängen Tausende Schinken von der Decke. Es duftet nach Buche, Erle und Wacholder. Wochenlang reifen die anfangs noch 13 Kilogramm schweren Stücke im Kaltrauch, ehe sie portioniert werden und in Scheiben, Würfeln oder geraspelt in den Verkauf gelangen. Appelwarder hat dieses traditionsreiche Herstellungsverfahren bewahrt und produziert als eines der letzten Unternehmen noch den original Holsteiner Katenschinken.
Ralf Lehmitz arbeitet seit 20 Jahren in dem, wie er es selbst ausdrückt, „besonderen" Betrieb. „Appelwar-

der ist wie eine Berufung. Wir leben das hier", sagt der Fleischermeister, während er seinen Blick über die geräucherten Schinken schweifen lässt. Es sei nicht nur der Kaltrauch aus dem Holzmehl, der das Produkt so unverwechselbar mache. „Hinzu kommt die Holsteiner Seeluft, die mal warm, mal kalt, mal trocken und mal feucht durch die winddurchlässige Kate zieht", erklärt der 49-Jährige. Dieser Wechsel mache das besondere Aroma und den feinen Geschmack der norddeutschen Delikatesse aus.
Auf die Idee, Schinken derartig zu produzieren, kam einst Knud Klüver. Der Feinkosthändler aus Hamburg fand wenig Gefallen an den damals erhältlichen Produkten und gründete 1973 sein eigenes Unternehmen. Nur fehlte ihm eine geeignete Räucherkate. Dann entdeckte er auf seiner Suche das 200 Jahre alte und reetgedeckte Schmuckstück in Kühren. „Er hatte einen Ort gefunden, an dem er den Schinken so herstellen konnte, wie es früher auch gemacht wurde", sagt die Assistentin der Geschäftsführung, Deike Fittkau. Sie fing vor 30 Jahren als erste Auszubildende bei Appelwarder an und lebt inzwischen mit dem Sohn des Unternehmensgründers, Helge Klüver, zusammen. „Ich

nehme Appelwarder also in jeder Hinsicht mit nach Hause", sagt Fittkau, deren Sohn auch schon in die Fußstapfen der Familie getreten ist: Der 19-Jährige hat Fleischer gelernt. Die Firma wuchs von Jahr zu Jahr. Direkt neben der Kate entstanden moderne Produktionsräume für die Zerlegung, Wurstmacherei und Kühlung. Auch die Versandabteilung ist auf dem Gelände in Kühren, einer kleinen Gemeinde bei Preetz zwischen Lanker See und Postsee. Die Räucherkate selbst wurde nach einem Brand 1999 komplett saniert und vergrößert. „Sie ist das Herzstück unseres Unternehmens", sagt Lehmitz stolz. Denn es gilt nach wie vor: Nur Schinken, der in einer traditionellen Räucherkate gereift ist, darf als original Holsteiner Katenschinken bezeichnet werden – übri-

Alles für den originalen Holsteiner Katenschinken: Ralf Lehmitz lebt für die Räucherei. Die Schinken erhalten ihren unverwechselbaren Geschmack durch den Rauch von Buche, Erle und Wacholder. Den letzten Pfiff bekommen sie von der frischen Holsteiner Seeluft.

gens eine Delikatesse, der zu Beginn des 17. Jahrhunderts schon der damalige Landesherr, Christian IV. von Dänemark, verfiel und die später zum Exportschlager wurde. Zwischen 20 und 25 Tonnen Katenschinken verkauft Appelwarder pro Jahr. Dabei stellen die 52 Mitarbeiter das Produkt stets nach demselben Ablauf her: Nach der Anlieferung wird das rohe Schinkenfleisch

vom Schwein zunächst stückweise gewogen und notfalls noch beschnitten. Dann errechnet ein spezielles Programm, in welcher Woche das Stück wie viel Salz bekommt. Durch einen unterirdischen Tunnel gelangt die Rohware schließlich in die Kate. Der Tunnel, einmalig in einem derartigen Betrieb in Schleswig-Holstein, hält die Fliegen fern vom Fleisch, „denn Fliegen fliegen nicht ins Dunkel", erklärt Lehmitz. Folglich sei die Kate, die nur über diesen unterirdischen Tunnel erreichbar ist, frei von den Insekten.

In der Kate wird der Schinken dann von Hand gesalzen und zum Räuchern aufgehängt – sechs bis acht Wochen, je nach Größe, im Idealfall bei einer Temperatur zwischen 18 und 22 Grad Celsius. „Wir haben in

Seit 1973 werden die Appelwarder Spezialitäten in dieser Kate hergestellt. Die Familie Klüver hat sich der traditionellen Herstellung schleswig-holsteinischer Schinken- und Wurstspezialitäten verschrieben. Die ursprüngliche Räucherkate wurde nach einem Brand 1999 komplett saniert und vergrößert.

der Kate keine Klimatisierung. Das Einzige, was dort modern ist, sind die Ventilatoren, um den Rauch besser in Bewegung zu halten", erklärt Lehmitz. Je länger der Schinken räuchert, desto fester wird er. Am Ende wiegt das Stück noch acht bis zehn Kilogramm. In Spitzenzeiten salzen die Mitarbeiter 1300 bis 1500 Schinken die Woche. „Wir bauen alljährlich von November bis Februar unseren Bestand von etwa 15 000 Katenschinken auf", betont der Fleischermeister, der das Unternehmen gemeinsam mit Helge Klüver leitet.

Und weil der Holsteiner Katenschinken aus dem Hause Appelwarder aufgrund der schwankenden Außentemperaturen ein Naturprodukt ist, schmeckt er immer wieder anders. Mal ist er kräftiger, mal milder. „Wenn die Luftfeuchtigkeit hoch ist, verliert der Schinken nicht so viel Feuchtigkeit, dann ist er weicher", verrät Lehmitz. Zudem unterscheiden sich die drei Teile des Schinkens – die Pape, die Blume und die Kappe – noch einmal im Geschmack. „Die Pape, für viele das beste Stück, ist am zartesten und mildesten. Die Blume hat den geringsten Fettanteil, ist kräftig im Geschmack und meist dunkler in der Farbe. Die Kappe ist bissfester, ein bisschen kerniger, die Fettauflage schmeckt knackig", erklärt der leidenschaftliche Fleischesser. Lehmitz liebt die Kappe: „Man sagt zwar zu diesem unteren Stück Schinkenspeck, aber ich esse genau dieses Stück gerne zum Spargel, denn es ist sehr geschmacksintensiv." Durch die Schnell- und Fertigprodukte habe der Schinkenspeck völlig zu Unrecht an Wertigkeit verloren.

Auch wenn der Holsteiner Katenschinken unverändert am liebsten

Bis zu 1500 Schinken werden jede Woche geräuchert. Die Spezialität begeisterte schon Dänenkönig Christian IV.

im Frühjahr zum Spargel gegessen wird, ist die Delikatesse längst ein Ganzjahresprodukt geworden. Die großen Handelsketten sind heute die ersten Abnehmer für Appelwarder. Ein kleiner Hofladen versorgt zudem die Menschen aus der Nachbarschaft. Neben dem Katenschinken ist der Betrieb für Kochschinken, Glaskonserven und Grillware bekannt. Appelwarder kann im Gegensatz zu Massenproduzenten auch auf Kundenwünsche reagieren. „Kommt jemand zu uns und möchte einen ganz speziellen Schinken, sind wir in der Lage, das zu produzieren", sagt Lehmitz. Selbst wenn es sich um eine Bestellung von nur einer Tonne handele, lohne es sich für den mittelständischen Betrieb. Lehmitz: „Ich sehe unsere Zukunft darin, dass wir flexibel bleiben. Das ist unsere Chance."

# Ein edler Tropfen
*Von Jana Werner*

**Weingut Ingenhof**
**Bad Malente-Malkwitz**
Melanie Engel
Dorfstraße 19,
23714 Bad Malente-Malkwitz
T. 04523 202159 und 04523 2306
www.ingenhof.de
Öffnungszeiten: Juni–Anfang Aug
täglich 9–19 Uhr

Manchmal geht Melanie Engel einfach nur so in ihren Weinberg inmitten der Holsteinischen Schweiz. Sie liebt es, über die sanften Hügel der Endmoränenlandschaft zu blicken, über die Wälder und Seen. „Dann weiß ich wieder, was meinen Beruf ausmacht, nämlich viel draußen zu sein", sagt die 35-Jährige. Im idyllischen Kurort Bad Malente-Malkwitz bewirtschaftet die studierte Landwirtin Schleswig-Holsteins größten Weinberg. Dass sie dafür anfangs belächelt wurde, hat sie nicht von ihrer ungewöhnlichen Idee abgehalten. Es liegt im Naturell der alleinerziehenden Mutter von zwei Kindern, etwas Neues auszuprobieren – selbst gegen Widerstände. So produzieren „die Verrückten da im Norden", wie es En-

gels Kellermeister Jan Carstens beschreibt, mittlerweile einen selbst unter süddeutschen Winzern viel beachteten Weiß- und Rotwein.
„Ein Universitätsprofessor erzählte uns vor ein paar Jahren, dass zehn Hektar Rebrechte aus Rheinland-Pfalz nach Schleswig-Holstein abgetreten werden", erinnert sich Engel. So ungewöhnlich der Weinanbau im Land zwischen den Meeren nach wie vor ist, so naheliegend war er für die engagierte Landwirtin. Aufgewachsen auf dem traditionsreichen Ingenhof, wollte sie den elterlichen Erdbeerhof im Kreis Ostholstein fit für die Zukunft machen und ein zusätzliches Standbein schaffen. „Im Erdbeerbereich gibt es immer mehr Mitbewerber, der Druck wird stärker. Und so haben wir überlegt, welches Alleinstellungsmerkmal wir noch etablieren können", erklärt Engel. Also bewarb sie sich beim Landwirtschaftsministerium in Kiel – als eine von mehr als 60 Anwärtern – und erhielt den Zuschlag für gut ein Drittel der Rebrechte.

„Es passt in die Entwicklung des Betriebs, denn wir sind bereits in den vergangenen Jahren in Richtung Direktvermarktung gegangen. Somit kannten wir den Kundenkontakt, waren nicht abgeschreckt", sagt Engel. Seit 2011 leitet sie den Ingenhof, der neben dem Erdbeer- und Weinanbau noch Ackerbau betreibt und Ferienwohnungen vermietet – mit insgesamt fünf fest angestellten Mitarbeitern.

Drei Hektar groß ist nun ihr ganzer Stolz. Am geschützten Südhang des Kleinen Gröndalbergs hat sie seit 2009 etwa 13 500 Rebstöcke angepflanzt – in lehmigem Sandboden, bei 30 Grad Neigung und ausgeprägtem Tal, das die Kälte unten hält. Auch hat Engel mit Solaris beim Weißwein sowie Regent und

Bewirtschaften Schleswig-Holsteins größten Weinberg: Melanie Engel mit ihrem Kellermeister Jan Carstens.

Cabernet Cortis beim Rotwein auf robuste Sorten gesetzt, die eher selten im Süden angebaut werden. Der Grund: Die Rebstöcke müssen nicht nur pilzresistent sein, sondern im Norden Deutschlands auch wirklich abreifen. „In Schleswig-Holstein gibt es nun mal weniger Sonnenstunden und eine verkürzte Vegetationsdauer. Also haben wir Sorten gepflanzt, die mit dieser kürzeren Zeit gut zurechtkommen und reif werden", sagt Engel. Spritzig, frisch und fruchtig sei der Weißwein vom Ingenhof.

„Wir haben 2011 mit über 100 Grad Öchsle gelesen, einem enorm hohen Anteil an Zucker in der Traube. Und 2012 waren es gut 90 Grad Öchsle", sagt Kellermeister Carstens. Den einen schmecke der lieblichere 2011er-Jahrgang besser, den anderen der 2012er. „Sie sagen, das sei ein besonderer Wein, der mit dem Süden mithalten könne. Selbst alteingesessene Winzer sprechen von einem Geschmack, den es so noch nicht gab", fügt Carstens hinzu. Und auch der Rotwein sorgt für Furore, landete er doch bei einer Blindverkostung unter Winzern in Süddeutschland auf dem zweiten Platz – von zehn Weinen. Carstens empfiehlt den vollmundigen Roten zum Essen, weil er sehr kräftig ist.

Drei Sorten Wein werden aus den Rebensorten Solaris (Weißwein) sowie Regent und Cabernet Cortis (beide Rotwein) produziert.

Die Entwicklung ihres Projekts Weinanbau macht Melanie Engel stolz. Sie ist froh, dass sie das Wagnis einst eingegangen ist. Der Bereich wächst von Jahr zu Jahr. Brachte die erste Weinlese 2010 gut 1300 Flaschen Weißwein und 1100 Flaschen Rotwein, waren es 2011 schon 2500 Flaschen Weißwein und 1300 Flaschen Rotwein. 2012 knackte der Ingenhof die 3000-Liter-Marke. „In diesem Jahr sind wir ganz gespannt, der Weinberg hing voll. Wir gehen von einer erneuten Steigerung aus – sowohl beim Weißwein als auch beim Rotwein", sagt Carstens. Anfang Okto-

ber sind sie in den Weinberg gegangen – Engel, Carstens und ein gutes
Dutzend Helfer noch dazu. Mit Kie-
pen auf dem Rücken, Eimern und
Lesezangen in den Händen haben
sie die Trauben wie immer von
Hand gelesen – drei, vier Tage von
morgens bis abends. Auf dem Hof
wurden die Trauben in einer sogenannten Abbeermaschine vom
Stielgerüst getrennt, gepresst und
mit Hefezusätzen ausgebaut. Der
Gärverlauf dauert in der Regel zwei
bis drei Wochen – je nach Ge-
schmacksnote. „2012 haben wir Anfang Oktober gelesen und bereits
am 10. Dezember den Wein in die
Flasche gefüllt", sagt Carstens. Es
bleibe etwas Besonderes, im Norden
sehr trinkbaren Wein hinzukriegen.
„Wir werden nie an Mengen von
40 000 bis 50 000 Liter wie bei
Weingütern im Süden kommen",
betont der Kellermeister, für den
der Weinberg längst eine Herzensangelegenheit geworden ist. Er kam
2010 „eigentlich nur zur Erdbeer-
saison" als Disponent auf den Hof –
und blieb. „Ich habe mir diesen Job
nicht ausgesucht, bin da so hinein-
gewachsen. Und jetzt finde ich das,
was ich mache, super gigantisch",
beschreibt der 42-Jährige.
Wer den Wein vom Kleinen Grön-
dalberg genießen möchte, kann ihn

Der nördlichste Weinberg Deutschlands
liegt idyllisch in der Holsteinischen
Schweiz.

derzeit entweder direkt auf dem Ingenhof kaufen oder auf der Internetseite bestellen. „Und nun überlegen wir, in welche Läden wir den
Wein noch geben wollen", sagt Engel. Doch Carstens zufolge werden
Solaris, Regent und Cabernet Cortis
„definitiv nicht im Supermarkt stehen": „Wir wollen den Wein schon
ein bisschen exklusiv halten und
zum Beispiel an exklusive Hotels
herantreten." Zählt doch die Flasche Weißwein mit 15 Euro und die
Flasche Rotwein mit 19 Euro zu den
teureren Weinen. Kunden aus ganz
Deutschland haben den Wein vom
Ingenhof schon probiert. „Das Entscheidende bei uns ist, dass alles auf
unserem Hof gemacht wird – gelesen, ausgebaut und abgefüllt, 100
Prozent aus Schleswig-Holstein.
Deshalb dürfen wir die Bezeich-
nung Schleswig-Holsteinischer
Landwein auf dem Etikett tragen",
sagt Carstens.

# Genusstipps

*für Probstei, Holsteinische Schweiz und Ostholstein*

**Ferienhof Radlandsichten**
**Bad Malente**
Familie Schumacher
23714 Bad Malente
T. 04523 1622
www.radlandsichten.de
Öffnungszeiten: April–Okt täglich
14–18 Uhr, So und feiertags 12–18
Uhr

Ein typischer Bauernhof der Holsteinischen Schweiz. Im Umkreis von einem Kilometer gibt es keine öffentliche Straße. Das Hofcafé mit Innenplätzen und großem Gartencafé, großem Kinderspielplatz und Streicheltieren, bietet auch einen Hofladen mit eigenen Produkten, einen Hochseilgarten auf Anmeldung und den Holzbergturm Neversfelde als Ausflugsziel in der Nähe. Bis Bad Malente sind es circa drei Kilometer.

**Naturpark Heuherberge Gut Friedrichshof**
**Dodau**
Familie Biss
Gut Friedrichshof, 24306 Dodau
T. 04521 72749
www.dodau.de
Öffnungszeiten: Ostern–Okt Sa, So und feiertags 14–18 Uhr

Gut Friedrichshof liegt in Alleinlage und gleichzeitig zentral zwischen den Städten Plön, Eutin und Bad Malente. Hier erwarten Sie eine Heuherberge, ein Spielplatz, eine Spielscheune und Streicheltiere für die kleinen Gäste. Im Café sind immer mindestens 15 verschiedene Torten im Angebot, die auf der Sonnenterrasse verzehrt werden können. Auch eine Raumvermietung für Veranstaltungen ist möglich.

**Brooks Café Achter de Mur**
**Bosau**
Lisa Brooks
Achter de Mur 2, 23715 Bosau
T. 04527 202
www.hof-brooks.de
Öffnungszeiten: März–Anfang Nov
täglich ab 12 Uhr

Das Brooks Café ist aus Funk und
TV bekannt. In diesem Café mitten
in Bosau können Geschenkartikel
von Wohnaccessoires, Porzellan
über handbemalte Bosau-Becher bis
hin zu Silberschmuck bewundert
und erworben werden, die eigen-
händig von der Goldschmiedin Lisa
Brooks ausgewählt wurden. Entspannung mit einer typischen eng-
lischen Tee-Zeit gibt es zwischen
17 und 20 Uhr.
Die tollen selbstgebackenen Kuchen
und Torten sind besonders erwähnenswert. Bei „Schietwetter" sitzt
man seit 2013 unter einem großen
Schirm auch im Garten im Trocke-
nen.

**Käsehof Biss**
**Dersau**
Achim und Sönke Biss
Hofkamp, 24326 Dersau
T. 04526 1597
www.kaesehofbiss.de
Öffnungszeiten: Ostern–Nov
Mo–Sa 8–19 Uhr, So 14–19 Uhr;
Nov–Ostern Mo–Fr 9–18 Uhr,
Sa 9–14 Uhr

Der Bauernhof ist ein alteingesesse-
ner Familienbetrieb der traditionellen Art und wird seit über 100 Jahren von der Familie Biss bewirtschaftet. Im Hofladen werden außer
Käse auch andere Milchprodukte
aus der eigenen Herstellung wie
Stippmilch, Quark oder Kräuter-
Frischkäse und außerdem Käsespezialitäten der KäseStraße Schleswig-
Holstein angeboten.
Die ostholsteinische Ostseeküste
und das Hinterland der Holsteinischen Schweiz mit der Plöner Seen-
platte bieten beste Voraussetzungen
für einen erholsamen Aufenthalt.
Kurze Wege führen zu den Kreis-
städten Plön und Eutin.

**Hof Steffen**
**Muxall/Probsteierhagen**
Bernd Steffen
Am Dorfteich 2,
24253 Muxall/Probsteierhagen
T. 04348 343
www.steffen-muxall.de
Öffnungszeiten: Fr 8–17 Uhr

Hier können Sie Fleisch- und Räucherware, Salate, Feinkost und Fertiggerichte einkaufen. Auch Obst und Gemüse erhalten Sie im hofeigenen Laden. Nach dem Einkauf dürfen Sie auch gerne einen Blick „hinter die Kulissen" werfen und sich den Hof genauer ansehen. Besonders die Bauerngärten laden zu einem Rundgang ein.

**Bauernhofcafé „Hof Moorhörn"**
**Passade**
Familie Klindt
Hof Moorhörn, 24253 Passade
T. 04344 9271
www.hof-moorhoern.de
Öffnungszeiten: Hofladen Fr 14–18 Uhr, Sa 10–13 Uhr; Café Mitte Mai–Sept Sa und So 14–18 Uhr, Juli–Aug täglich 14–18 Uhr

Auf der zwei Hektar großen Plantage können frische Himbeeren, Stachelbeeren und Johannisbeeren gepflückt oder tagesfrisch im Hofladen gekauft werden. Genießen Sie außerdem selbstgebackene Torten und Kuchen im Hofcafé am Himbeerfeld – bei gutem Wetter auf der Terrasse im Grünen – direkt an der Obstplantage.

**Landgasthof Der Alte Auf Fiefbergen**
Christopher Wulff
Am Dorfteich 15, 24217 Fiefbergen
T. 04344 415525
www.der-alte-auf.de
Öffnungszeiten: Mi–So ab 17.30 Uhr, feiertags ab 12 Uhr

**Hofladen im Kälberstall Schönberg**
Hinrich Lamp
Wrömmelsberg 3, 24217 Schönberg
www.hof-lamp.de
T. 04344 9725
Öffnungszeiten: Mo–Di 14–17 Uhr, Do–Sa 14–17 Uhr, So 14–18 Uhr

Das junge Küchenteam verwendet zum kreativen Kochen ausschließlich frische Produkte zum größten Teil aus der Region wie zum Beispiel Fisch aus den umliegenden Seen, Wild aus hiesigen Revieren sowie Schleswig-Holsteiner Rumpsteak vom Jungbullen. Der Alte Auf war der Sage nach ein äußerst temperamentvoller Graf, der mit dem Ruf „Auf! Auf!" durch das Probsteier Land jagte.

Egal ob bei strahlendem Sonnenschein oder beim gelegentlichen Schleswig-Holsteiner „Schietwetter" – in diesem Café nahe der Ostsee finden Sie immer einen gemütlichen Platz. Im Innenbereich oder auf dem Hofplatz werden Ihnen täglich selbstgebackene Kuchen und frisch zubereitete Torten mit Zutaten aus der Region serviert.

**Hotel Hohe Wacht
Hohwacht**
Richard Anders, Carsten Anders
Ostseering 5, 24321 Hohwacht
T. 04381 90080
www.hohe-wacht.de
Öffnungszeiten: täglich ab 18 Uhr

Das Hotel ist Mitglied bei Feinheimisch e. V., die Küche verwendet
nur qualitativ hochwertige, absolut
frische Zutaten aus der Region. Erleben Sie kulinarische Genüsse – ob
bei strahlendem Sonnen- oder
schummrigem Kerzenschein, das
Parkrestaurant verzaubert Sie mit
seinem stilvollen Ambiente und
herrlichem Ostseeblick. In den
Zimmern und Appartements lässt
es sich wunderbar träumen, und
auch der SPA-Bereich lädt zum Entspannen ein.

**Obst-Erlebnis-Garten
Futterkamp**
Kirsten und Eike Manthey
Hohwachter Bucht, Am Blauen
Haus 1a, 24327 Futterkamp
T. 04381 418801
www.obst-erlebnis-garten.de
Öffnungszeiten: ab März täglich
11–17 Uhr

Der Obst- und Erlebnisgarten liegt
direkt an der B 202 in Futterkamp
zwischen Lütjenburg und Oldenburg. Die ganze Vielfalt des Obstes
wie Erdbeeren, Himbeeren, Äpfel,
Zwetschgen und Kürbisse gibt es
hier, ebenso Blumen-, Kräuter- und
Gemüsegärten, einen Gartenteich
und einen großen Obstgarten. Im
Café am Blauen Haus erhalten Sie
frische selbstgebackene Obstku-
chen.
Besonderheiten sind die Wasser-
spiel-Landschaft, eine regensichere
Spielscheune sowie 30 Gokarts, die
auf einer interessant gestalteten
Rennstrecke zur Verfügung stehen.

**Landcafé Engelau**
Gisela Terjung
Vohrbek 4, 24321 Engelau
T. 04381 4168920
www.ferienhof-engelau.de
Öffnungszeiten: Mi–So und feiertags 14–18 Uhr

Das Landcafé besteht aus einem im Landhausstil gehaltenen Salon und einem Café-Garten. Es werden Ihnen gängige Kaffeespezialitäten und ein reichhaltiges Kuchen- und Tortenbuffet geboten. Die Kuchen und Torten werden nach alten Familienrezepten und mit frischen Zutaten aus der Region gebacken. Zudem stammen die Eier von den hofeigenen Hühnern, die Äpfel des Apfelkuchens sind selbstgepflückt. Sowohl das Café als auch der Garten sind liebevoll eingerichtet, laden zum gemütlichen Verweilen ein und strahlen einen familiären Charme aus.

**Hofcafé & Hofladen Lafrenz Klausdorf/Fehmarn**
Nico Lafrenz
Dorfstraße 30,
23769 Klausdorf/Fehmarn
T. 04371 879784
www.bauernhof-lafrenz.de
Öffnungszeiten: März–Okt So und feiertags 7–18 Uhr

Hier kommt alles frisch auf den Tisch! Genießen Sie leckere, täglich frisch gebackene Kuchen, Kaffeespezialitäten oder hausgemachtes Eis. Die meisten Lebensmittel werden in eigener Herstellung produziert und können im Hofladen erworben werden.

**Flora-Café
Altjellingsdorf/Fehmarn**
Ute Maaß
Altjellingsdorf 1, 23769 Fehmarn
T. 04371 879214
www.flora-cafe-fehmarn.de
Öffnungszeiten: April–Okt täglich
13–18 Uhr, Nov–Jan Sa–So 13–18
Uhr

Genießen Sie Kaffee, Kuchen und
Torten, auf Wunsch laktose- und
glutenfrei, selbsthergestellte Mar-
meladen und Gelees an gemütlichen
Tischen im Café, in einem alten res-
taurierten Pferdestall oder auf der
Sonnenterrasse. Als herzhaften
Snack zwischendurch empfehlen
sich die selbstgemachten Quiches,
Schmalzbrote oder Schinken-,
Wurst- und Käsespezialitäten aus
der Region.

**Gut Görtz Scheunen-Café
Heringsdorf**
Johannes Weilandt
Gut Görtz, 23777 Heringsdorf
T. 04365 1005
www.gut-goertz.de
Öffnungszeiten: Di–So 11–18 Uhr

Das Hofcafé im Jungviehstall lockt
mit süßen Leckereien. Das Ambiente und die Kuchen und kernigen Brote, die noch heute in der
hofeigenen Backstube und nach alten Hausrezepten hergestellt werden, entführen Sie in die damalige
Zeit. Aber auch die deftigen Eintöpfe und Suppen sowie die
Schmalz- und Schinkenbrote machen Appetit auf mehr. Entspannen
Sie in wohliger Atmosphäre am rustikalen Kamin oder im großzügigen
Terrassenbereich.

**Hof Klostersee**
**Cismar**
Knut Ellenberg
Klostersee 1, 23743 Cismar
T. 04366 517
www.klostersee.org
Öffnungszeiten: Mo–Sa 9–18 Uhr

Der Hof wird biologisch-dynamisch
bewirtschaftet und liegt an der Lübecker Bucht, nur 2,5 Kilometer
von einem wunderschönen Natur-
sandstrand entfernt. Neben dem
Hof, einer eigenen Bäckerei und
einer Käserei entstand im alten
Maschinenschuppen in der Hof-
mitte ein heller, großzügiger
Hofladen, dem ein kleines Café mit
Terrasse angegliedert ist. Außerdem
finden Feste, Seminare und Bege-
hungen statt.

**Hofanlage Marienhof**
**Neustadt i. H.**
Vicky Niedzwezky und Florian
Langenstraß
Rosengarten 50, 23730 Neustadt i. H.
T. 04561 714334
www.hofanlage-marienhof.de
Öffnungszeiten: täglich 13–18 Uhr,
Restaurant täglich 11.30–14 Uhr
und ab 17.30 Uhr, Jan–März Di
Ruhetag

Das Marienhof-Café befindet sich
im ehemaligen Pferdestall und bietet täglich hausgemachte Torten sowie ausgesuchte Tee- und Kaffeespezialitäten. Im ehemaligen Kuhstall ist das Marienhof-Restaurant
untergebracht, die Rosengarten-
Scheune wird für verschiedene Veranstaltungen (Ausstellungen,
Kunst- und Handwerkermärkte) genutzt, und der Marienhof-Bauern-
markt bietet regionale Spezialitäten
und Accessoires für Haus, Hof und
Garten.

## Gutshof-Café Wintershagen Sierksdorf

Andreas Sigg
Gutshof 9, 23730 Sierksdorf
T. 04561 5268989
www.gutshof-cafe-wintershagen.de
Öffnungszeiten: Jan–Feb Sa und So
14–18 Uhr, März–April und Sept–
Dez Di–So 14–18 Uhr, Mai–Aug
Mo–So 13–18 Uhr

Das Gutshof-Café Wintershagen
liegt komplett ebenerdig. Hier backt
die Chefin selbst, genießen Sie das
breit gefächerte Angebot von Erd-
beer-Sahne-Torte über Käsekuchen
bis hin zu Obstschnitten. Ganze
Torten und Kuchen gibt es auch
außer Haus.
Klassik am Abend findet einmal im
Monat statt. Besonderheit: Es ist
möglich, sich hier durch das Stan-
desamt Amt Ostholstein-Mitte
trauen zu lassen. Ansprechpartne-
rin ist Frau Waldow-Reese, T. 04528
9174210.

## Das Landhaus Timmendorfer Strand

Strandallee 154,
23669 Timmendorfer Strand
T. 04503 601360
www.seeschloesschen.de/de/
landhaus-timmendorfer-strand
Öffnungszeiten: Mo–Fr 11.30–14.30
Uhr und 17.30–21.30 Uhr, Sa–So
11.30–21.30 Uhr

Regionale Küche mit Schwerpunkt
auf köstlichen Steak- und Fischspezialitäten. Außerdem wird Wert auf
Frische, Qualität und ausgewogene
Ernährung gelegt. Unverwechselba-
rer Blick auf die Ostsee.

## Hotel Landhaus Töpferhof Warnsdorf

Rolf Böckmann
Fuchsbergstraße 3–9,
23626 Warnsdorf
T. 04502 2124
www.landhaus-toepferhof.de
Öffnungszeiten: Café Di–Sa 13–18
Uhr, So 12–18 Uhr; Restaurant
Mo–Sa ab 18 Uhr, So Ruhetag
(außer in den Sommerferien)

Das gemütliche skandinavische Hof-Café Tausendschön des Hotels Landhaus Töpferhof ist eingebettet in eine liebevoll restaurierte Hofanlage, zwischen Reet- und Herrenhaus. Kuchen werden wie bei Oma selbstgebacken und herzhafte skandinavische Leckereien frisch zubereitet. Im Café integriert bietet Wohnidee Tausendschön hochwertige und besondere Dekorations- und Geschenkartikel sowie ausgesuchte Möbel an. Das Restaurant mit seinem wunderschönen Gartenbereich auf dem Gelände ist besonders erwähnenswert. Dort werden regionale und mediterrane Köstlichkeiten in angenehmer Atmosphäre angeboten.

**Hotel Lili Marleen Travemünde**
Tim Krehnke
Torstraße 34,
23570 Lübeck-Travemünde
T. 04502 8882631
www.hotel-lilimarleen.de

Fangfrischer Fisch aus dem nahe gelegenen Hafen, saisonale Besonderheiten des Nordens aus der hauseigenen Kombüse, dazu erlesene Weine. Niveauvoller Service und regionale, frisch zubereitete Produkte im nautischen Ambiente der ältesten Gaststätte Travemündes.

**Bauernhof-Eis Steffens Ahrensbök**
Dörte und Mike Steffens
Langendamm 3, 23623 Ahrensbök
T. 04525 496632
www.bauernhofeis-steffens.de
Öffnungszeiten: Sept–Ostern Mo–Sa 9–12 Uhr und Mo und Fr 14–18 Uhr, Ostern–Aug Mo–Sa 9–18 Uhr, So 14–18 Uhr

Aus der tagesfrischen Milch der Hofkühe wird leckeres Creme-Eis zubereitet. Die weiteren Zutaten werden größtenteils aus der direkten Umgebung und der näheren Region bezogen. Für die Produktion von Sorbet und Fruchteis verwenden die Betreiber nur echte Früchte. Im Hofladen bekommen Sie frische Produkte direkt vom Hof, aber auch Präsentkörbe und Deko-Artikel.

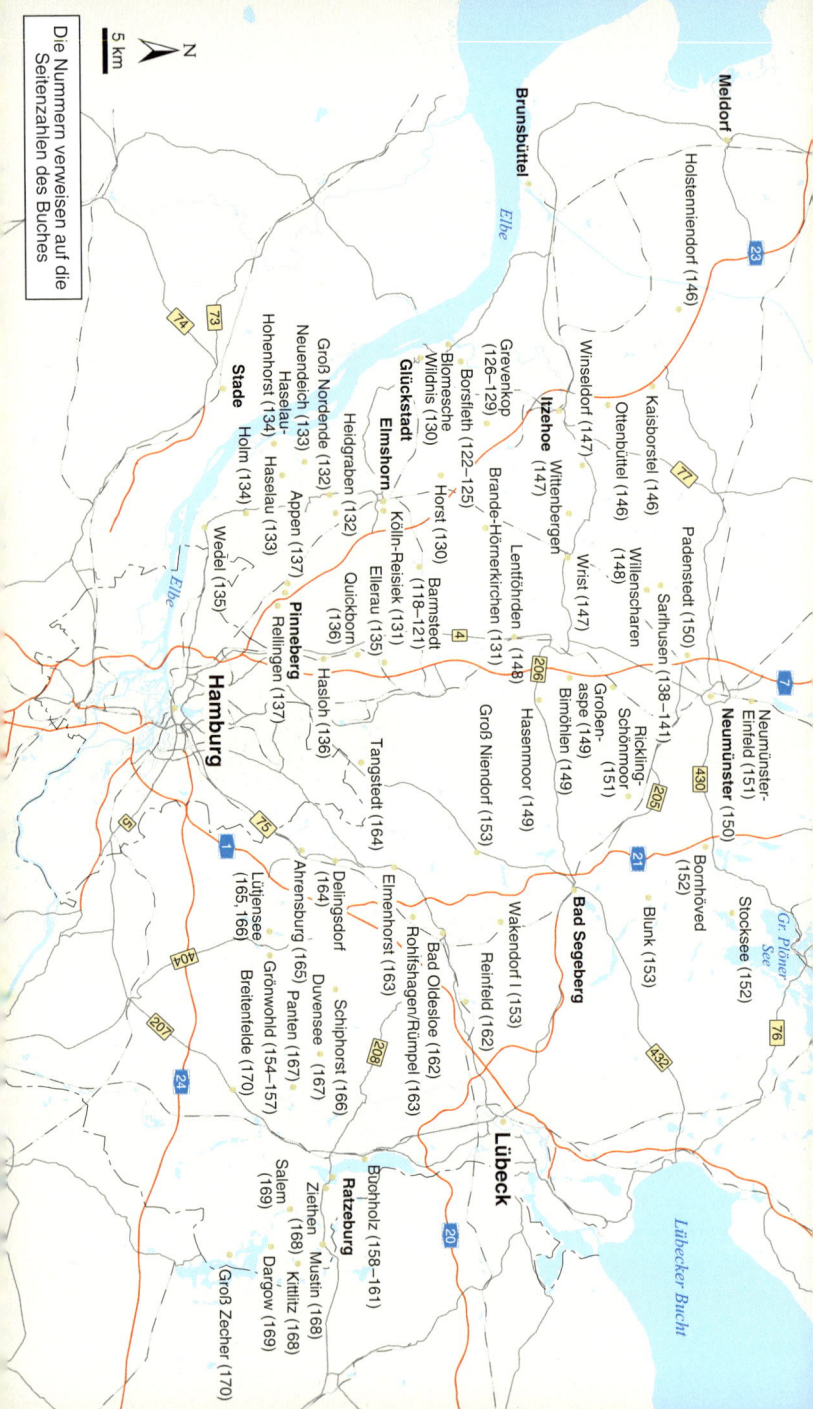

N

5 km

Die Nummern verweisen auf die
Seitenzahlen des Buches

*Elbe*

**Brunsbüttel**

**Meldorf**

Holstenniendorf (146)

23

Grevenkop
(126–129)

Borsfleth
(122–125)

Blomesche
Wildnis (130)

Winseldorf (147)

Kaisborstel (146)

Ottenbüttel (146)

Padenstedt (150)

Sarlhusen (138–141)

**Itzehoe**
(147)

Wittenbergen

Lentföhrden
(148)

Willenscharen
(148)

Rickling
Schönmoor
(151)

Großen-
aspe (149)

Birmöhlen (149)

Neumünster-
Einfeld (151)

**Neumünster** (150)

7

77

73

74

**Stade**

Groß Nordende
(132)

Neuendeich (133)

Haselau (133)

Hohenhorst (134)

Heidgraben (132)

Horst (130)

Brande-Hörnerkirchen (131)

**Glückstadt**

**Elmshorn**

Appen (137)

Kölln-Reisiek (131)

Quickborn
(136)

Ellerau (135)

Barmstedt
(118–121)

Hasloh (136)

Wrist (147)

4

206

Hasenmoor (149)

430

205

Haselau (133)

Wedel (135)

Holm (134)

**Pinneberg**

Rellingen (137)

Tangstedt (164)

Groß Niendorf (153)

Bornhöved
(152)

Blunk (153)

21

*Gr. Plöner
See*

Stocksee (152)

76

**Hamburg**

5

75

1

Lütjensee
(165, 166)

Delingsdorf
(164)

Ahrensburg (165)

Grönwohld (154–157)

Elmenhorst (163)

Rohlfshagen/Rümpel (163)

Wakendorf I (153)

Reinfeld (162)

**Bad Segeberg**

Bad Oldesloe (162)

404

Schiphorst (166)

Duvensee (167)

Panten (167)

Breitenfelde (170)

Groß Zecher (170)

207

24

208

**Lübeck**

432

20

Buchholz (158–161)

**Ratzeburg**

Ziethen
(169)

Salem
(169)

Mustin (168)

Kittlitz (168)

Dargow (169)

*Lübecker Bucht*

# Rund um Hamburg

# Das Naschkatzen-Paradies

*Von Johanna Tyrell*

**Schoko-Laden**
**Barmstedt**
Sören Doll
Hamburger Straße 67,
25355 Barmstedt
T. 04123 9222505
www.meisterschokolade.de

Karamell-Nugatkissen in zarter Vollmilchschokolade, Zuckerperlen und Blüten auf weißen Tafeln, aber auch geröstete und gesalzene Erdnüsse, Brotchips, Wasabi-Nüsse – was für Freunde einer herzhaften Pizza schon lange gilt, gibt es jetzt auch für Schokoladen-Liebhaber. Im Schoko-Laden von Sören Doll in Barmstedt können sich Naschkatzen ihre Tafeln selber belegen – inklusive Geburtstagskerzenhalter. Alles was trocken ist und auf eine Tafel passt, ist möglich. Alles? „Wir haben sogar schon mal auf Wunsch eine Tafel mit einer Scheibe Käse oder einer ganzen Ananas belegt", verrät der Süßwarenmeister.
Seit vier Jahren experimentiert der 39-Jährige nun schon mit Schokolade, Nüssen und Streuseln. „Während eines Auslandsaufenthalts in Amerika wollte mir meine Gastmutter eine besondere Freude machen und hat mir in einem deutschen Delikatessenladen für unheimlich viel Geld einen Schokoladenmann geschenkt", erzählt er. „So einen, den man hier für ein paar Cent beim Discounter bekommt." Als gelernter Kaufmann dachte er sich gleich: „Das geht auch besser." Zurück in Deutschland ließ er sich zur Fachkraft für Süßwarentechnik ausbilden und machte seinen Meister. Schnell war klar, dass seine Leidenschaft der Schokolade gilt. „Mit Mehl konnte ich noch nie so viel anfangen", gesteht er. „Die Schokolade ist so charmant, weil eigentlich alle Menschen ihr positiv gegenüber eingestellt sind. So etwas ist schön zu verkaufen."
Bei Sönke Doll wird alles in Handarbeit hergestellt. 200 bis 300 Kilo feine belgische Schokolade warten in großen Tanks auf ihre Weiterverarbeitung. „Belgische Schokolade hat einfach so einen karamelligen Schmelz, der noch länger auf der Zunge bleibt", schwärmt er.
Leise summen die großen Rührer. Die braune Masse muss immer in Bewegung bleiben. Bei einer Tem-

Im Schoko-Laden gibt es nichts von der Stange, die Meisterschokolade ist auch mit Röstzwiebeln zu haben. Um die Einzelstücke produzieren zu können, machte Sören Doll zunächst eine Ausbildung zum Süßwarenmeister und anschließend zum Schokoladenmeister.

Bevor Sören Doll seine Schoko-Laden GmbH gründete, sammelte er zehn Jahre lang Erfahrungen in verschiedenen Süßwarenfirmen in Deutschland und Europa.

peratur zwischen 45 und 50 Grad. „Schokolade kann in fünf verschiedenen Formen erstarren." Wenn Sören Doll über die unterschiedlichen Verarbeitungsformen zu erzählen beginnt, ist seine Leidenschaft für die süßen Tafeln fast greifbar. Von Kakaobutter bis Zuckerkristalle gerät er über das Zusammenspiel mit anderen Zutaten ins Schwärmen. „Die Schokolade verhält sich immer anders. Den Geschmack von Rosenblüten oder Tee unterstreicht sie, die Schärfe von Chili hingegen dämpft sie ein wenig ab." Manchmal muss ihn sein Team auch wieder auf den Boden des Zu-

mutbaren zurückholen. „Letztes Jahr habe ich Schokolade mit Röstzwiebeln ausprobiert – gar nicht so schlecht", sagt Doll. Ungenießbar, findet der Rest des Teams.

Neben der guten Qualität der Zutaten ist Doll auch das Aussehen der fertigen Tafel sehr wichtig. Per Hand füllt der Süßwarenmeister die flüssige Schokolade in Kunststoffformen und stellt sie auf ein rüttelndes Förderband. So verteilt sich der braune Schmelz gleichmäßig, und etwaige Luftbläschen steigen an die Oberfläche. Ein kurzer Blick auf den Bestellzettel: Diese Tafel soll eine verliebte Urlaubserinnerung werden. Mit ruhiger Hand legt Sören Doll ein weißes Schokoladenplättchen in das braune flüssige Bett. Darauf zu sehen: ein Pärchen beim Strandurlaub. Noch ein paar Zuckerherzen drumherum gestreut, und die fertig verzierte Tafel wandert auf das Kühlband. 35 Minuten wird sie hier langsam auf die Raumtemperatur gebracht. „Es dürfen nicht mehr als 35 Grad Unterschied zwischen Schokolade und Umgebung sein, sonst kondensiert die Luftfeuchtigkeit. Das ist nicht schön", erklärt Doll.

Die Meisterschokolade, wie Doll seine bunten Tafeln nennt, wird inzwischen nicht mehr nur in dem kleinen Werksladen verkauft. Deutschlandweit ist sie in Delikatessenläden zu finden. Und im In-

ternet können sich Schokoladen-
Freunde aus mehr als 120 Zutaten
ihre eigenen Kreationen zusam-
menstellen. Ob Krokant, Lakritz-
sirup, Apfelringe oder Rosinen – je
nach Belag kostet eine Tafel zwischen 5 und 8 Euro.

Und nicht nur das. Auch Fotos
bringt Doll mittels Lebensmittel-
farbe auf die weißen, braunen und
schwarzen Tafeln. „Das kann man
sich wie bei einem normalen Büro-
drucker vorstellen", erklärt der Süßwarenmeister. Die Farbe kommt direkt auf die Schokolade. Zuckerpa-
pier, Marzipan oder eine andere
Zwischenschicht sind daher nicht
mehr notwendig.

Seit einiger Zeit bietet Sören Doll
auch nach Absprache Workshops
an, in denen acht oder mehr Personen bei der Entstehung der Meisterschokolade dabei sein können und
am Ende auch selbst ein paar Tafeln
kreieren dürfen.

In großen Gläsern warten Nugat-
krokant, Lakritz oder Haselnuss-
Bruchstücke im kleinen Werksladen
auf ihre Käufer. Große Lollis mit
Zuckerperlen oder Liebeserklärun-
gen reihen sich neben bunt verzier-
ten oder bedruckten Pralinen,
Visiten- oder Menükarten aus
Schokolade. Durch ein großes Fens-
ter können die Besucher bei der
Produktion zusehen. Süß und
schwer hängt die Luft in dem kleinen Raum. Vergeht einem da nicht
irgendwann die Lust an Schoko-

In Barmstedt reine Handarbeit: Über das
Internet können Schokoladen- und Lolli-
Liebhaber ihre eigenen Kreationen bestellen, die dann für jeden Kunden einzeln
hergestellt und gestaltet werden.

lade? „Keine Lust auf Schokolade?"
Sören Doll wirkt ein wenig ver-
ständnislos und entsetzt ob der
Frage.

„Die einzige Folge, die mein Beruf
hat, ist, dass ich nur noch meine
eigene Schokolade essen kann", verrät er. Einzig in der Weihnachtszeit,
wenn Sören Doll und sein Team
manchmal nur drei Stunden Schlaf
finden und schon überlegen, ein
Feldbett neben den Maschinen auf-
zubauen – nur dann sehnt er sich
auch einmal nach einem Mettwurst-
brötchen.

# Aus Schrot und Korn

*Von Jana Werner*

**Ferienhof Olde-Hellmann
Borsfleth**
Urte und Sven Olde,
Anke und Gert Hellmann
Borsflether Wisch 2,
25376 Borsfleth
T. 04824 3199
www.hellmann-olde.de
Öffnungszeiten: jeden 1. und 3.
Freitag im Monat

Dicht gedrängt stehen Sven Olde und seine Schwiegereltern Anke und Gert Hellmann in dem kleinen Backhaus auf dem Bauernhof der Familie in Borsfleth bei Glückstadt. Eine Hand greift in die andere, jeder Arbeitsschritt sitzt. Während Gert Hellmann den Sauerteig für das dunkle Roggenbrot in Portionen abwiegt, kneten und formen Anke Hellmann und Sven Olde daraus gleich große Laibe. „Wir müssen den Teig möglichst gut zusammenkneten, damit keine Risse entstehen", erklärt Sven. Nur ein paar Schritte entfernt füllt seine Frau Urte hellen Weizenbrotteig in Kästen. Alle zwei Wochen backt die Familie rund 50 Brote, um sie tags darauf in ihrem Hofladen zu verkaufen. Wer das traditionelle Steinofenbrot einmal probiert hat, den zieht es immer wieder auf den idyllischen Bauernhof.

Angefangen hat alles vor nahezu einem halben Jahrhundert, als Anke und Gert Hellmann das erste Ferienhaus auf ihrem Bauernhof bauten. Mit der Zeit kamen zwei weitere hinzu. „Meine Eltern waren der Meinung, dass es so schön hier ist, dass sie das mit anderen Menschen teilen wollten", sagt Urte Olde, die mit ihrem Mann den Hof inzwischen übernommen hat. Und weil die Hellmanns sich und ihre Feriengäste noch mehr selbst versorgen wollten, kamen sie auf die Idee, das alte Backhaus auf dem Grundstück wieder „sinnvoll" zu nutzen.
Es gab nur ein Problem: Der einstige Backofen stand nicht mehr. Ein Neuer musste her. Nur wie? Denn die Hellmanns wollten keinesfalls einen modernen Ofen. Stattdessen wollten sie ein Brot backen, wie es auch früher hergestellt wurde – im Steinofen. Ein befreundeter Mathematiker mit Talent zum Handwerk traute sich und baute der Familie 1977 ihren Wunschofen in das alte Backhaus. Seither haben sie sich als Schwarzbrotbäcker einen Namen in der Region gemacht. Das von Beginn an produzierte Roggenbrot ist

Wiegen, Kneten, Formen: Im Borsflether Familienbetrieb wird jedes Brot von Hand hergestellt.

bis heute das Beliebteste. In kleineren Mengen kommen noch Dinkelbrot, Mehrkornbrot und Schimmelreiter hinzu – allesamt aus Hefeteig. Die Rezepte hat die Familie durch Probieren und mit Tipps von Freunden und Feriengästen selbstkreiert – ganz ohne chemische Zusätze.

An so einem Backtag wirft Sven Olde den Ofen um 5.30 Uhr in der Früh an und heizt ihn im Tagesverlauf mit Holz aus zwei vollen Schubkarren nach. Dann kehrt er die Glut aus dem Ofen aus. Der Schamottstein hat sich derartig aufgeheizt, dass die Brote direkt auf dem Stein gebacken werden können. Parallel dazu wird der Schwarzbrotteig am Morgen zunächst angerührt, etwa eine Viertel-

stunde in mühevoller Handarbeit in Holztrögen geknetet, ehe er am Nachmittag portioniert und geformt mit einem Schieber in den Ofen geschoben wird. Dort bleibt das Roggenbrot 75 bis 90 Minuten, bei anfangs etwa 250 Grad. Nur langsam gibt der Ofen die gespeicherte Wärme ab.

„Gerade das Schwarzbrot verträgt die hohen Temperaturen sehr gut und bildet eine schöne Kruste. Dadurch bleibt es innen saftig", beschreibt Sven Olde. Nach den Roggenbroten werden die Hefebrote bei niedrigerer Temperatur gebacken.

Übrigens: Das Getreide mahlen die Oldes erst kurz vor dem Backen. „Es geht uns nicht darum, besonders viele Brote zu backen und zu verkaufen. Wir wollen die Tradition des Backens, wie es sie früher in Backhäusern gab, aufrechterhalten", sagt der 48-jährige Sven Olde. Seine Frau Urte fügt hinzu: „Wir wollten uns auch auf etwas spezialisieren, was sonst keiner hier in der Umgebung macht."

Weil der Hof in erster Linie ein Milchbetrieb ist – nach wie vor das Hauptstandbein –, stellt die Familie zusätzlich Käse, Joghurt und Quark her. „Aber das ist nur ein geringer Teil, wir arbeiten ja nicht mit Mengen wie ein Großbetrieb", erklärt Urte Olde. So versteht sich der Familienbetrieb auch nicht als Supermarkt. Auf ihre Waren haben das

*Heiße Angelegenheit: Zwei volle Schubkarren Holz „verspeist" der Backofen jeden Tag, damit das Brot backt. Auf dem Hof wird ausschließlich Bioland-Korn verwendet, gemahlen wird das Getreide immer erst kurz vor dem Backen.*

Wetter, die Pflanzen und die Tiere Einfluss. Folglich ist das Angebot nicht immer gleich. Neben dem rustikalen Landbrot und den Milchprodukten verkauft die Familie in ihrem Hofladen noch Eier sowie Lamm- und Rindfleisch. Obwohl die Familie eigenen Angaben zufolge nie Werbung für ihre Produkte gemacht hat, kaufen immer mehr Kunden bei ihnen ein und fragen insbesondere nach dem Brot. „Das hat sich irgendwie herumgesprochen. Inzwischen haben wir Kunden, die zum Beispiel extra aus Hamburg, Bad Bramstedt oder Neumünster kommen", sagt Urte Olde.

Allein im Bereich der Landwirtschaft kümmert sich Sven Olde gemeinsam mit einem Kollegen um 40 Kühe, 50 Mutterschafe und deren Lämmer. Zum Hof gehören zudem Hunde, Katzen, Eichhörnchen, Kaninchen, ein Pferd und eine Ziege, Meerschweinchen, Enten und Hühner. Im Gegensatz zu anderen Unternehmen möchte die Familie ihren Betrieb ganz bewusst nicht ausbauen, weder in der Landwirtschaft und bei den Ferienhäusern noch beim Brotbacken inklusive Hofladen. „Die Gäste kommen zu uns, weil unser Hof noch in einem überschaubaren Rahmen ist und wir ihn ganz ordentlich bewirtschaften können", sagt Sven Olde. Auch können sie ihren Gästen noch zeigen, was Landwirtschaft bedeutet, wie es seine Frau ausdrückt: „Bei uns machen die Menschen noch Urlaub auf einem wirklichen Bauernhof. Sie können bei der Stroh- und Heuernte dabei sein, sie können die Kühe holen und melken. Wer möchte, kann sogar ausmisten – eben all das, was täglich auf einem Bauernhof anfällt."

Es ist diese selbstverständliche Liebe für ihr Zuhause und für ihre Arbeit, die die Oldes und die Hellmanns ausstrahlen. Sie mögen das, was sie tun. „Und wir verstehen uns gut", sagt Urte. Ihre Eltern seien noch immer fit, packen mit an. „Keiner sitzt hier rum, ob Jung, ob Alt." Noch immer backt ihre 73-jährige Mutter den Butterkuchen für die Familie und die Feriengäste. Noch immer sammelt ihr 76-jähriger Vater „Schönes und Altes", das er auf Flohmärkten entdeckt hat. Natürlich hoffen Urte und Sven Olde, dass einer ihrer drei Söhne den Hof irgendwann einmal übernimmt. „Sollte sich einer dazu entschließen, dann weiß er genau, was auf ihn zukommt", sagt Urte. Urlaub fernab des Hofes sei kaum möglich. Wenn, dann nur für ein paar Tage. „Und doch", sagt sie zufrieden, „haben wir einen schönen Beruf."

# Frisches von nebenan

*Von Jana Werner*

**Grevenkoper Pute**
Familie Klüver
Hauptstraße 5, 25361 Grevenkop
T. 04824 858
www.grevenkoper-pute.de
Öffnungszeiten: Mi–Fr 8–12 Uhr
und 13–18 Uhr, Sa 8–12 Uhr

Eigentlich ist der Putenmastbetrieb der Familie Klüver inmitten der Marsch im Südwesten Schleswig-Holsteins ein Unternehmen, „das es gar nicht geben dürfte", sagt Vater Hans. Für einen klassischen Selbstvermarkter sei der Hof zu groß. „Und verglichen mit Wiesenhof und Co sind wir zu klein, denn was wir in einem Jahr machen, machen die in eineinhalb Tagen", erklärt der Senior, dessen Betrieb also „irgendwo dazwischen liegt". Diese Besonderheit hat sich die Familie mit ihrer Grevenkoper Pute in der Gemeinde Grevenkop im Kreis Steinburg zunutze gemacht – nach dem Motto: „Was die nicht können, müssen wir besser machen." Dabei haben die Klüvers stets die Wünsche ihrer Kunden und das Wohl ihrer Tiere im Blick.
Mit 200 Puten hat Hans Klüver 1966 gemeinsam mit seinen Eltern angefangen. 195 Tiere überlebten das erste Jahr. „Davon wiederum sind wir 120 so losgeworden, den Rest hat uns ein Händler abgenommen", blickt der 69-Jährige zurück. Damals sei noch kein frisches Putenfleisch verkauft worden, üblich seien nur die gefrorenen Unterkeulen aus den USA gewesen. Beim Rupfen der geschlachteten Tiere halfen der Familie damals Frauen aus der Nachbarschaft. „Es wurde noch trocken und von Hand gerupft. Das war hart, die Finger taten weh, waren irgendwann taub", erinnert sich Klüver. Eine Person schaffte maximal zwei Putenhähne pro Tag. Heute bewirtschaftet der mittelständische Betrieb mit gut 30 Mitarbeitern drei Putenhaltungen, eine Schlachterei mit Zerlegung, die Verarbeitung und Vermarktung. „Wir schlachten gut 80 000 Tiere im Jahr, das sind 20 Tonnen die Woche", sagt Klüver. Längst haben Maschinen das beschwerliche Rupfen übernommen. Acht Mitarbeiter am Band schaffen nun 200 Stück die Stunde.
Bis auf wenige Ausnahmen bestehen Klüvers Produkte zu 100 Prozent aus Pute. Und weil der Hof mit Fleisch allein im Markt nicht mehr

bestehen kann, hat sich das Unternehmen breiter aufgestellt – vom Frischfleisch über Convenience-Angebote sowie Räucher- und Wurstwaren bis hin zu Sülzen. Ein Renner, insbesondere an Weihnachten, ist nach wie vor die geräucherte Brust: „Damit haben wir uns in der Region einen sehr guten Namen gemacht, mit Remouladensoße und Bratkartoffeln ist das eine Art Traditionsgericht geworden", freut sich der Senior. Ein Hofladen sorgt für die Direktvermarktung. Mit drei Lastwagen werden der übrige Teil Schleswig-Holsteins sowie Hamburg und Nord-Niedersachsen beliefert. Die Wurstwaren gelangen über Kühlspeditionen sogar bis Berlin.

Der Hof der Klüvers ist kein Bio-Betrieb, dennoch haben die Puten bis zu einem Fünftel mehr Platz als in rein konventionellen Haltungen. Dadurch werden Antibiotika nur in Ausnahmefällen bei Erkrankungen der Tiere eingesetzt. Die Familie Klüver beschäftigt sich seit 1966 mit der Aufzucht und Haltung von Puten.

Hans Klüver ist stolz darauf, dass sein Betrieb ohne Milcheiweiß, Blutplasma und Natriumglutamat produziert. „Der Geschmack ist noch so, wie er sein sollte. Wir machen einfach ein besseres Frischfleisch", sagt er und begründet dies mit dem Gesamtkonzept: „Wir ha-

ben vom Ein-Tages-Küken bis zur Wurst alles in einer Hand. Und wir haben dabei von Anfang an die Wünsche des Verbrauchers im Visier." Dabei versteht sich der Betrieb als Problemlöser und möchte auch den Kunden helfen, „die keine Lust oder Zeit mehr zum Kochen haben, aber frisches Fleisch wollen". So bietet der Hofladen etwa einen fertigen Braten in einer Aluschale an: „Den braucht man nur noch in den Backofen schieben, die Küche bleibt sauber."

Im Gegensatz zum insgesamt rückläufigen Fleischverzehr essen immer mehr Deutsche immer mehr Pute, weil ihr Fleisch arm an Fett, Kalorien und Cholesterin ist. Stattdessen ist es reich an Eiweißen, Vitaminen und Mineralien. Es passt in eine

Von Ein-Tages-Küken bis hin zur fertigen Wurst: Bei der Grevenkoper Pute ist alles in einer Hand. Und das ist gut so.

Zeit, in der das Gesundheitsbewusstsein in der Bevölkerung wichtiger wird. „Und so ist der Pro-Kopf-Verbrauch bei Pute seit Anfang der 1990er-Jahre kontinuierlich auf inzwischen etwa sechs Kilogramm gestiegen", sagt Klüver. Doch wachsende Nachfrage bedeutet auch höhere Produktivität. Das darf Klüver zufolge allerdings nicht zu Lasten der Tiere gehen: „Wenn man von der Tierhaltung leben möchte, dann muss man sich auch mit dem Tier befassen. Und man kann weder Tier noch Mensch durch Qual zur Höchstleistung bringen."

So achtet die Familie, neben Vater Hans und Mutter Christel auch Sohn Timm, auf eine artgerechte Haltung ihrer Puten. „Wir halten etwa 15 bis 20 Prozent weniger Tiere pro Quadratmeter, als erlaubt ist: Bei den Küken sind es acht bis neun auf einem Quadratmeter, bei den Großen 2,2 auf einem Quadratmeter", sagt Hans Klüver. So entstehen weniger Krankheitskeime. Auch stehen die Stallungen, nachdem alle Tiere geschlachtet sind, drei Wochen leer. Dann sind alle tiergebundenen Keime abgetötet. Und nach der Feuchtdesinfektion wird der Stall ausgetrocknet, sodass alle feuchtigkeits- und trockenheitsgebundenen Keime vernichtet sind. „Daher kommen wir mit wenig Antibiotika-Einsatz aus. Wenn im Bund der Antibiotika-Einsatz bei Puten halbiert werden würde, könnten wir uns immer noch entspannt zurücklehnen", sagt Klüver. Sein Ziel ist eine gesunde Grevenkoper Pute. Gefüttert wird sie mit einem Gemisch aus Getreide, Soja und Spurenelementen. Und da Klüvers Puten alle im Umkreis von etwa vier Kilometern aufwachsen, haben sie einen kurzen Transport zum Schlachter. „Eine Dreiviertelstunde nach der Verladung sind sie schon geschlachtet", betont Hans Klüver, der den Betrieb ganz bewusst zwischen Bio und konventioneller Haltung angesiedelt hat. Ähnlich wie seine Frau Christel kann auch er noch nicht loslassen. Zwar trägt ihr 38-jähriger Sohn inzwischen die Gesamtverantwortung für den Betrieb. „Doch auch wir wollen noch was machen. Wir können das Arbeiten nicht einfach abstellen", lächelt Hans Klüver. Während sich seine Frau um die Disposition kümmert, widmet er sich dem Marketing und anfallenden Reparaturen. Sohn Timm hat nie Druck empfunden, den Hof übernehmen zu müssen. „Ich hätte durchaus etwas anderes machen können. Aber irgendwann war klar, dass ich in den elterlichen Betrieb einsteige." Weil er weniger Handwerker ist, entschied er sich für eine kaufmännische Ausbildung. Ihn reizt die Direktvermarktung, der Kontakt zu den Kunden. Seit drei Jahren bietet er eine gläserne Produktion an, denn er glaubt, dass ein Bewusstsein dafür geschaffen werden muss, „dass es auch anständige Produkte gibt, die anständig hergestellt werden, die aber ihren Preis haben". Und der Verbraucher müsse wieder lernen, „dass nicht zu jeder Jahreszeit alle Produkte verfügbar sind".

# Genusstipps

*für Elbmarsch und*
*Baumschulland Pinneberg*

**Gemüsehof Busch**
**Blomesche Wildnis**
Albert Busch
Am Neuendeich 191,
25348 Blomesche Wildnis
T. 04124 97244
www.gemuesehof-busch.de
Öffnungszeiten: Mo–Sa 8–12 Uhr
und 13.30–18 Uhr, So 9–12 Uhr

Gemüsehof mit Direktvermarktung.
Der Hofladen bietet ein breites Sor-
timent an regionalen Produkten.
Neben Gemüse werden zum Bei-
spiel auch Fleisch und Milchpro-
dukte angeboten. Der Hof liegt
direkt hinter dem Deich nahe der
Störmündung, der zu ausgedehnten
Spaziergängen mit Blick auf die
Elbe einlädt.

**Hof Dannwisch**
**Horst**
Hof Dannwisch Betriebsgem. GbR
Dannwisch 1, 25358 Horst
T. 04126 3936087
www.dannwisch.de
Öffnungszeiten: Mo–Fr 9–18 Uhr,
Sa 9–13 Uhr

Der Hof Dannwisch gehört zu den
Pionierbetrieben im Bio-Bereich.
Bereits seit 1957 werden hier im
biologischen Anbau Gemüse, Obst,
Milch und Fleisch produziert. Der
Hofladen bietet ein breites Sortiment an Lebensmitteln und Kosmetik. Der Besuch mit Kindern lohnt
sich, weil direkt neben dem Laden
Ställe mit Tieren vorhanden sind
und ein Spielplatz genutzt werden
kann.

**Schümannhof**
**Brande-Hörnerkirchen**
Schümann
Kreuzweg 1,
25364 Brande-Hörnerkirchen
T. 04127 1898
www.schuemannhof.de
Öffnungszeiten: Di–Fr 9–18 Uhr,
Sa 9–13 Uhr

Auf dem Schümannhof wird seit
über 30 Jahren ökologischer Landbau betrieben. Die Hofbäckerei produziert sechs Tage die Woche ver-
schiedenste Backwaren, die Gärtnerei baut eine Vielzahl von Gemüse-
und Obstsorten an. Für Feriengäste
bietet der Hof zwei Wohnungen sowie, als besonderes Schmankerl,
den Zirkuswagen Salomé zur Über-
nachtung.

**Uhlenhoff**
**Kölln-Reisiek**
Nadine Reumann
Waldweg 52, 25337 Kölln-Reisiek
T. 04121 71613
www.uhlenhoff-reumann.de
Öffnungszeiten: Sa–So 14–18 Uhr,
Landfrühstück (nur auf Voranmel-
dung) 9.30–12.30 Uhr sowie an
Feiertagen Feb–Dez

Das rustikale Bauernhofcafé bietet
60 Sitzplätze im Innenbereich und
60 auf der Sonnenterrasse. Die
4-Sterne-Heuherberge verfügt über
30 Schlafplätze in gemütlichen Heu-
boxen, neue behindertengerechte
Sanitäranlagen, ein großzügiges
Außengelände sowie einen Spielplatz, Lagerfeuerplatz, Streicheltiere
und den großen Abenteuer-Heu-
spielboden für Kinder.

**Rosenhof Kruse**
**Heidgraben**
Evelyn und Peter Kruse
Jägerstraße 35, 25436 Heidgraben
T. 04122 715101
www.rosenhof-kruse.de
Öffnungszeiten: Café Di–So 14–18
Uhr; Hofladen Di–Sa 9–12 Uhr und
14–18 Uhr

Das kleine Bauernhofcafé mit ange-
schlossenem Hofladen ist ein idea-
les Ziel für Wochenendausflügler.
Im gemütlichen und im Landhausstil eingerichteten Café serviert das
Eigentümer-Ehepaar hausgemachte
Kuchen und Torten sowie diverse
Kaffee- und Teespezialitäten. Alle
Zutaten stammen aus eigenem Anbau und werden täglich frisch vom
Feld, der Wiese oder aus dem Müh-
nerstall geholt. Zudem bietet der an
kalten Tagen auch mit einem Kamin
beheizte Wintergarten einen weitläufigen Blick auf den Rosengarten
sowie auf die im Hof lebenden
Tiere. Im Hofladen haben Besucher
die Möglichkeit sämtliche zuvor
verkosteten Produkte sowie ausgefallene Präsente zu erwerben. Hier
finden sich unter anderem Käse,
Eier, Schinken, Speck, Sülze, geräucherte Hähnchenbrust und Hähn-
chenschenkel, Lammfleisch sowie
Susländer Schweinefleisch.
Abgerundet wird dieses Angebot
mit leckeren Marmeladen, süßem
Honig, fruchtigem Wein und ausge-
fallenen Sanddornprodukten.

**Plantenhoff Café**
**Groß Nordende**
Jürgen Käckenhoff
Dorfstraße 69,
25436 Groß Nordende
T. 04122 907561
Öffnungszeiten: April–Okt täglich
14–18 Uhr, Nov–März Mi–Mo
14–18 Uhr

Im rustikalen Ambiente des reetgedeckten Hofes bietet das Café eine
umfangreiche Auswahl an selbstgebackenen Torten und Blechkuchen.
Die diversen Kaffeesorten, unter
denen sich für jeden Geschmack
etwas findet, runden ein traditionel-
les Café-Erlebnis bei einem Ausflug
aufs Land ab. Fernab von Alltag und
Hektik genießen Gäste im Sommer
das hausgemachte Eis auf der Ost-
oder der Westterrasse mit weitem
Blick auf die umgebenden Felder.
Das Gelände, auf dem das gemütliche Café sein Zuhause gefunden
hat, diente einst als Bauernhof und
kann bei einem Spaziergang erkun-
det werden. Wer diese Bauernhof-
Idylle in der kalten Jahreszeit erlebt,
beendet seinen Ausflug mit der
Winterspezialität des Cafés – frisch
zubereitete Waffeln mit Vanillesoße,
Sahne und eingelegten Kirschen.

**Aal-Kate**
**Neuendeich**
Knuth und Marianne Behr
Kuhlworth 21, 25436 Neuendeich
T. 04122 2264
www.aal-kate.de
Öffnungszeiten: Mi–Sa 12–22 Uhr,
So 9–22 Uhr

**Marschcafé**
**Haselau**
Henrikje Plüschau
Hohenhorster Chaussee 28,
25489 Haselau
T. 04129 757
www.marschcafe.de
Öffnungszeiten: Di–So 14–18 Uhr
(Im Winter eingeschränkte Öff-
nungszeiten)

Aalsuppe, geräucherter Aal, Aal
grün, Aal aus der Pfanne oder in
Dillgelee sind gelungene Köstlichkeiten. Dennoch beschränkt sich
die Küche der Aal-Kate nicht nur
auf den edlen Fisch, sondern bietet
auch eine kleine Fleischkarte,
frische Salate und schmackhafte
Suppen. Marianne und Knuth Behr
haben aus der Aal-Kate mehr gemacht als nur ein Speisehaus. Es ist
auch ein Haus der Ruhe, der schönen Aussicht und der besinnlichen
Stunden. Hier genießt man den
Ausblick auf die Elbmarsch, freut
sich über den aufmerksamen Service und das gute Essen.

Gemütliche Caféstube im Reetdach-
haus, Südterrasse mit Blick über die
Pferdeweide zum Elbdeich. Kuchen
und Torten werden täglich frisch
nach Omas Rezept mit Früchten aus
der Region zubereitet. Vermietung
von E-Bikes in Kooperation mit den
Stadtwerken Wedel von April bis
Oktober, im Sommer Schnittblu-
menfeld am Haus. Selbstgemachte
Marmeladen und norwegische
Strickmode. Ponys zum Streicheln
sowie Schaukel und Sandkiste für
Kinder. Jeden letzten Sonntag im
Monat Frühstücksbuffet auf Voranmeldung.

**Café Hof Mühlenwurth
Haselau-Hohenhorst**
Hohenhorster Chaussee 58,
25489 Haselau-Hohenhorst
T. 04129 745
www.haseldorfer-marsch.de/
haselau/cafesundgaststaetten/
cafehofmuehlenwurth
Öffnungszeiten: So, Mo und feiertags
14–18 Uhr

Das urgemütliche Bauernhofcafé
befindet sich in einem der ältesten
Bauernhöfe der Marsch und besticht mit altem gepflegtem und ori-
ginellem Mobiliar, freundlicher Be-
dienung und leckeren selbstgebackenen Kuchen. Im Sommer können Sie es sich auf der herrlichen
Gartenterrasse im Freien gemütlich
machen und dort Kaffee oder Tee
und Kuchen oder Eis genießen. Der
Blick reicht weit über die Felder hin
zum Elbdeich.

**Rißler-Hof Café & Bleibe
Holm**
Dörte Rißler-Gülck
Im Ort 16, 25488 Holm
T. 04103 7019977
www.rissler-hof.de

Nach einem ausgedehnten Spaziergang an der Hetlinger Schanze oder
einer Radtour in der Haseldorfer
Marsch ist dieses Café der beste Ort
zum Entspannen. Genießen Sie eine
frische Tasse Kaffee und die hausgemachten Torten auf der großen Terrasse mit Blick auf die Elbmarsch.

**Obst-Paradies Kleinwort**
**Wedel**
Familie Kleinwort
Winterros, 22880 Wedel
T. 04103 88805
www.obst-paradies-kleinwort.de
Öffnungszeiten: Hofladen Di–So 9–
18 Uhr; Hofcafé Mi–Fr 14–18 Uhr,
Sa und So 10–18 Uhr

Obstbauernhof mit Direktvermarktung abseits von Stadt und Ver-
kehrsstraßen. Das Café mit großer
Hochterrasse bietet einen herrlichen Blick über die Wedeler
Marsch und die Elbe bis ins Alte
Land. Kuchen und Torten sind
hausgemacht, und der Hofladen
bietet Produkte aus eigenem Anbau.
Außerdem gibt es saisonale Feste
rund ums Obst, Selbstpflück-
Angebote, Streicheltiere und diverse
Kinderaktivitäten.

**Landhaus Saggau**
**Ellerau**
Birgit und Jürgen Saggau
Dreiüm 29, 25479 Ellerau
T. 04106 625983
www.landhaussaggau.de
Öffnungszeiten: Mi–So 8.30–11.30
Uhr und 14–20 Uhr

Lassen Sie sich verwöhnen mit
selbstgebackenen Kuchen und Torten, besonderen Teesorten und Erfrischungsgetränken sowie erlesenen Kaffeespezialitäten. Das selbstgemachte Eis ist besonders zu empfehlen! Für einen perfekten Start in
den Tag erwartet Sie morgens ein
reichhaltiges Frühstück – vielfältig,
ausgewogen und nicht nur für
Übernachtungsgäste.

**Hofladen Meyn ("Elisenhofladen")**
**Quickborn**
A. u. H. Meyn GbR
Elisenhofstraße 20,
25451 Quickborn
T. 04106 2601
www.hof-meyn.de
Öffnungszeiten: Di–Sa 8–12 Uhr
und Mo–Fr 14–18 Uhr

Ein Teil der Eierproduktion wird direkt ab Hof an Endverbraucher vermarktet. In dem früheren Kuhstall ist in den 1980er-Jahren der Hofladen eingezogen. Er wurde inzwischen mehrfach vergrößert und völlig neu gestaltet. Es sind eine Vielzahl regionaler Produkte im Angebot: Wurst, Äpfel, Kartoffeln, Honig, Marmelade, Joghurt, frisches Saisongemüse, pflanzliche Brotaufstriche, Säfte, Bio-Knäckebrot und vieles mehr. Außerdem werden Nudeln und Eierliköre von der Schwäbischen Alb sowie Weine und Likörspezialitäten angeboten, die direkt vom Winzer bezogen werden.

**Hofladen Inselmann**
**Hasloh**
Familie Inselmann
Kieler Straße 61, 25474 Hasloh
T. 04106 2363
Öffnungszeiten: Mo–Sa 9–18.30 Uhr

Im Hofladen gibt es sowohl Produkte aus eigenem Anbau, zum Beispiel die Kartoffelsorte Linda und Heumilchkäse, als auch Produkte aus der Region wie Äpfel, Gemüse, Honig, Milch, Wurst und Bio-Brot. Außerdem wird Feuerholz angeboten.

**Rellinger Hofladen**
Karola Münster
Pinneberger Straße 38,
25462 Rellingen
T. 04101 6968880
www.rellinger-hofladen.de
Öffnungszeiten: Mo–Fr 9–18 Uhr,
Sa 9–13 Uhr

In diesem Hofladen gibt es Eis aus
Ziegenmilch. Die Milchprodukte
werden vom benachbarten Hof
Kruse geliefert. Der Hofladen setzt
auf Produkte aus der Region, bietet
zudem ein großes Sortiment an Bio-
Waren an. Seit Mai 2014 werden auf
Kruses Milchhof Führungen angeboten. Weitere Informationen gibt
es im Internet unter www.kruses-
hofmilch.de.

**Almthof**
**Appen**
Maren, Jürgen und Hauke Pein
Almtweg 37, 25482 Appen
T. 04101 208429
www.almthof.de
Öffnungszeiten: Feb–Weihnachten
Do–Sa 14–18 Uhr, So 13–18 Uhr

Erlebnisbauernhof mit Café. In dem
„gläsernen" Milchwirtschaftsbetrieb
können Kuhställe und Melkvor-
gänge in Augenschein genommen
werden. Zudem gibt es Tiere wie
Esel, Ponys, Schafe, Gänse und
Hühner. Zu den Angeboten zählen
außerdem Bauern- oder Fußballgolf
sowie ein Maislabyrinth. Geeignet
für Kindergeburtstage und sonstige
Feiern.

# Rausgefischt

*Von Jana Werner*

**Fischzucht Reese
Sarlhusen**
Gunnar Reese
Papiermühle 4, 24616 Sarlhusen
T. 04324 8810840
www.fischzucht-reese.de

Sanft hebt Gunnar Reese drei, vier Saiblinge mit einem Kescher aus dem Becken. „Bis zu 700 Gramm schwer kann so ein Exemplar werden", sagt der 53-Jährige stolz, während er die Tiere zurück ins Wasser gleiten lässt. In vierter Generation füttert, fischt und fängt seine Familie im Kreis Steinburg Süßwasserfische. Inzwischen ist der Betrieb die größte Zucht ihrer Art in Schleswig-Holstein. Reeses Vorteil ist die Vielfalt, hat er sein Unternehmen doch breit aufgestellt. Neben Zucht, Fang und Veredelung von Speisefischen beliefert er Angler mit Besatzfischen.

Dabei war der Anfang alles andere als leicht, als sein Urgroßvater 1872 das Anwesen der abgebrannten Papiermühle in Sarlhusen kaufte. „Das war damals ein ganz normaler landwirtschaftlicher Betrieb mit Kühen und Schweinen und etwas Ackerbau", sagt Gunnar Reese. Weil aber noch die Stauteiche von der Papiermühle existierten, setzte sein Urgroßvater 1885 die ersten Forellen ein. „Er hat sich zunächst damit beschäftigt, die Forellen zu vermehren. Das war vorher aufgrund der fehlenden Kenntnisse nicht möglich", erklärt Reese. Die Forellenzucht hatte ihren Ursprung im Elsass, ehe sie sich bis nach Norddeutschland durchsetzte. Heute ist Dänemark der Hauptproduzent in der Forellenzucht, dort stehen die großen Anlagen.

Im Hause Reese entwickelte sich so neben der Landwirtschaft mit der Zeit eine Forellenzucht. „Vor dem Ersten Weltkrieg haben die Schiffe der Reederei Hapag Lloyd auf ihrer Linie Hamburg–New York in den Ballastwassertanks zwischen 400 und 600 lebende Forellen mit auf große Fahrt genommen, um eine bestimmte Klientel mit frischen Forellen versorgen zu können. Das war eine absolute Delikatesse", sagt Reese und fügt hinzu: „Es wurde also interessant, sich mit Forellen zu beschäftigen, sie künstlich zu erbrüten und aufzuziehen."

Weil die Gegend um Sarlhusen allerdings nicht ausreichend kaltes, klares, sauberes Wasser bietet – so wie es Forellen am liebsten mögen –, begannen die Reeses zusätzlich mit der Zucht von Karpfen.

Nachdem sein Großvater in den
1930er-Jahren seinen Fischzucht-
meister im Sauerland gemacht
hatte, spezialisierte sich das Unternehmen zunehmend auf die Teichwirtschaft, entfernte sich langsam
von der Landwirtschaft. „Als mein
Vater aus dem Krieg zurückkam,
hatte er keine Lust mehr zum Kühe-
melken. Er lernte die Forellenzucht
in Bielefeld, arbeitete jahrelang in
Niedersachsen und übernahm den
Familienbetrieb nach dem Tod meines Großvaters in den 1950er-Jah-
ren", blickt Gunnar Reese zurück.
1972 gingen die letzten Milchkühe
aus dem Stall. Seither züchtet die
Familie ausschließlich Süßwasserfische in verschiedenen Teichanla-
gen. 25 verschiedene Arten sind es
heute.

Fischwirt Günter Magath holt die Fische
mit großen Netzen aus dem Selenter See,
der unter anderem von der Familie Reese
bewirtschaftet wird. Barsche gehören auch
dazu.

Gunnar Reese stieg 1981 in das Unternehmen ein. Obwohl er ursprünglich Förster werden wollte:
„Das habe ich aber schnell wieder
über Bord geworfen, weil meine
Leistungen bei der Realschule endeten und schon damals ein Studium
gefordert wurde, wenn man in der
Forst etwas erreichen wollte." So
ging er den Weg, den vor ihm sein
Vater, Großvater und Urgroßvater
gingen. Der Fisch wurde zu Gunnar
Reeses Leidenschaft. Sein Hand-

werk hat der Fischwirtschaftsmeister in Süddeutschland und in Österreich gelernt. Seit 1991 leitet er den Familienbetrieb komplett. „Seitdem habe ich die großflächige Struktur wieder mehr hin zur kleineren Teichwirtschaft verändert, mehr zur Forellenproduktion. Wir haben jetzt mit modernen Belüftungssystemen die technischen Möglichkeiten, mehr Forellen mit wenig Wasser zu produzieren."

Alle Fäden laufen unverändert in Sarlhusen zusammen: Fischfang, Fischzucht, Verarbeitung, Veredelung, Transport. Die Brutanlage in Mühlenfeld, einem Quellwasserstandort, versorgt den Gesamtbetrieb der Zucht mit Jungfischen. Haben die Setzlinge drei bis vier Gramm erreicht, werden sie vom Bruthaus in die Teiche umgesetzt.

Der Familienbetrieb ist die größte Zucht ihrer Art in Schleswig-Holstein. Die ersten Forellen wurden 1885 im Stauteich gesetzt.

Zudem bewirtschaftet die Familie in Bellin den Selenter See, einen ökologisch wertvollen Binnensee mit 2250 Hektar Wasserfläche, mit Stellnetzen und Reusen für Aale, Hechte, Barsche und Maränen – auch fangfrisch im Ladengeschäft vor Ort zu haben.

Insbesondere die Maräne ist eine Herzensangelegenheit für Gunnar Reese: „Sie hat in Ostholstein einen sehr hohen Stellenwert. Und es ist uns gelungen, einen eigenen Laichfischbestand zu halten, abzustreifen und zu erbrüten. Man kann sagen, dass wir im Moment bei der Maräne in einer ähnlichen Aufbruchstimmung sind wie unsere Vorfahren vor über 100 Jahren bei der Forelle." Reeses Ziel ist, die Maräne wie die Forelle zu Speisefischen heranzuführen. „Zu den Feiertagen bringen wir die ersten größeren Mengen auf den Markt. Wie seine Forelle und seinen Karpfen bekommt der Verbraucher um den Jahreswechsel herum bei uns also auch seine Maräne."

Neben seinen direkt vermarktenden Ladengeschäften beliefert Reese Gaststätten und Hotels mit seinen Naturprodukten. Hinzugekommen sind vor ein paar Jahren die Lebensmittelgeschäfte der Kette Citti in Flensburg, Kiel, Lübeck, Rostock und Stralsund. Auch hat sich der Familienbetrieb mit dem Angelpark Papiermühle im Naturpark Aukrug ein weiteres Standbein geschaffen. Ferner können Liebhaber des Sports direkt in der Fischerei am Plöner See angeln. Und schließlich sorgt der Familienbetrieb für den Besatz der umliegenden Gewässer.

Trotz so mancher Hürden beschäftigt Gunnar Reese 25 Mitarbeiter. „Die anderen Betriebe sind wesentlich kleiner, sind auf die Familie und Hilfskräfte beschränkt", sagt der Fischwirtschaftsmeister. Wer eine Ausbildung in dieser Branche anstrebe, sollte nicht nur „sehr viel Idealismus mitbringen", sondern sein Glück auch in Süddeutschland

Früh schwimmt, was eine Maräne werden will: Gunnar Reese zeigt stolz seine Nachzucht.

suchen: „Da sind die Perspektiven besser." Hoffnung, dass sein Betrieb in Familienhand bleibt, hat Reese bei seinen drei Kindern dennoch: „Der eine oder andere interessiert sich dafür oder könnte es sich zumindest vorstellen, den Laden einmal zu übernehmen. Aber das müssen wir abwarten." Auch glaubt er, dass er noch nicht mit 65 Jahren in Rente gehen darf. „Wahrscheinlich möchte ich das auch nicht. Und wahrscheinlich wird man mich hier irgendwann mit den Gummistiefeln zuerst raustragen." Die Fischzucht sei nun mal sein Leben.

# Bier ganz in Familie

*Von Johanna Tyrell*

**Ricklinger Landbrauerei
„Zur Alten Försterei"
Rickling**
Kerstin Lämmer
Grüner Weg 1, 24635 Rickling
T. 04328 1314
www.ricklinger-landbrauerei.de
Öffnungszeiten: Mai–Okt Di–Fr
11–22 Uhr, Sa, So und feiertags 10–
22 Uhr; Nov–April Mi–Fr 12–22
Uhr, Sa, So und feiertags 10–22 Uhr

Wenn Sascha Lämmer morgens um acht Uhr in die Braustube kommt, neigt sich der Arbeitstag seines Vaters schon dem Ende zu. Seit vier Uhr ist der 71-Jährige auf den Beinen. Im großen Maischebottich hat er das geschrotete Malz mit Wasser erwärmt. Warm und schwer hängt der süßliche Duft nach Malz und Hopfen in der Luft. Die Familie Lämmer betreibt seit 1996 eine kleine Privatbrauerei in Rickling im Kreis Segeberg. Während die Braustube das Reich von Vater Udo Lämmer und Sohn Sascha ist, kümmern sich seine Schwester und Mutter um die Gäste in der angeschlossenen Gastwirtschaft und dem Biergarten. Die Leidenschaft für das Bierbrauen liegt in der Familie. Udo Lämmer arbeitete 40 Jahre lang als Braumeister im Lübecker Ratskeller, bevor er seine eigene Brauerei gründete.

Doch auch wenn die Brauerei klein ist – mit ihrer Vielzahl an Biersorten kann sie mit den Großen mithalten. Ob klassisch herbes Pils, malziges Dunkles, süffig-süßes Märzen oder heftig intensives K.O.-Bier: Aus mehr als 15 verschiedenen Sorten können Bierliebhaber wählen. „Als ich in den Betrieb kam, hatte mein Vater schon zwölf verschiedene Biere – aber ich kann ja nicht mein Leben lang nach den Rezepten meines Vaters brauen", sagt Sascha Lämmer selbstbewusst. Inzwischen ergänzen sich Vater und Sohn sehr gut. „Mein Vater ist eher der Mälzer." Das heißt, seine Leidenschaft liegt bei den verschiedenen Malzsorten. Und da gibt es eine Menge. Karamellmalz, Röstmalz, Rauchmalz – jede Sorte gibt dem Bier eine andere Note. „Das Malz ist die Seele eines Bieres", sagt Sascha Lämmer. Ihn selbst faszinieren besonders die vielen verschiedenen Hopfensorten. „Es gibt da mehr als 200 Sorten, und alle geben dem Bier eine andere geschmackliche Note", erklärt der 29-Jährige. Ob bitter, scharf oder mit einer Zitrusnote – wenn Sascha Lämmer über Hopfen zu reden beginnt, gerät er schnell ins Schwärmen. Sascha Lämmer ist in der

Brauerei seiner Eltern aufgewachsen.
Für ihn war schnell klar, dass er sie
weiterführen wird. Nach seiner Ausbildung in Franken setzte er einen
Meisterkurs in München drauf.
Inzwischen stehen Vater und Sohn
täglich gemeinsam in der Brauerei.
Ein bis zwei Brauvorgänge, bei dem
jedes Mal rund 500 Liter Bier entstehen, schaffen sie so. Dabei jedes Bier
ständig vorrätig zu haben ist schwer.
Aus diesem Grund haben die Läm-
mers einen Bierkalender entworfen.
Neben dem ständigen Sortiment
von Pils, Dunklem, Märzen und
Stout bieten sie jeden Monat eine
andere Sorte an.
Doch ob Pils, Bock oder Dunkel –
jedes Bier beginnt im großen Maischebottich. Schon die Wahl des
Malzes entscheidet, welche Sorte gebraut wird. Beim Einmaischen lösen

Die Grundlage allen Bieres: Hopfen wurde
in Deutschland bereits im Jahr 736 n. Chr.
angebaut. Im frühen Mittelalter wurde die
Pflanze außer zum Brauen auch in der
Medizin als Antiseptikum verwendet. Die
ältesten archäologischen Funde für Hopfen
im Zusammenhang mit Bier stammen aus
dem 9. und 10. Jahrhundert in Haithabu.

sich durch Wärme und ständiges
Rühren Stärke und Enzyme aus dem
Malz. „Der Winzer bekommt für
seinen Wein den Zucker von der
Natur geschenkt. Wir müssen ihn
uns hart erarbeiten", erklärt Sascha
Lämmer. Denn Zucker ist wichtig,
damit später Alkohol entstehen
kann. Und in der Ricklinger Landbrauerei wird fast alles per Hand gemacht. Viel Erfahrung ist nötig, um
zu wissen, wann der Gasbrenner

unter den großen Bottichen und das Rührwerk an- und abgestellt werden müssen. Sonst brennt das Bier an. Einen Bottich weiter wird der Sud gefiltert. Immer wieder gießt Sascha Lämmer Wasser nach. Auch hier entscheidet sich der Biergeschmack: Je nach Menge der Nachgüsse verändern sich die Konzentrationen des Sudes. Dies ist wichtig für den späteren Alkoholgehalt und die Stammwürze des Bieres. „Bei unserem K.O.-Bier mit rund acht Prozent Alkohol kommt zum Beispiel nicht so viel Wasser dazu." Etwas ganz Besonderes ist das Porse-Bier. „Norddeutschland ist ja nicht unbedingt bekannt für seinen Hopfen-Anbau", erklärt Sascha Lämmer. Doch Hopfen ist für jedes Bier wichtig. Er gibt den herben Geschmack und konserviert. Ebenso wie das

Die Familie Lämmer wirbt damit, die kleinste Gasthaus-Brauerei mit den meisten selbstgebrauten Bieren zu sein. Braumeister Sascha Lämmer braut die unbehandelten, unfiltrierten und naturtrüben Biere nach dem deutschen Reinheitsgebot von 1516.

Porse, auch als Gagelstrauch bekannt. Es wurde lange Zeit in Dänemark und Norddeutschland anstelle von Hopfen genutzt. „Unser Porse-Bier ist damit zwar nicht mit dem Reinheitsgebot konform, aber es ist sehr lecker, frisch und hat eine leicht kräuterige Note", erklärt Lämmer. Über Rohre läuft der Sud in den Keller der Brauerei, wo ihm nach dem Abkühlen Hefe hinzugegeben wird. Dreizehn große und sieben kleine Tanks nehmen das Jungbier auf. Hier wandelt die Hefe den Zucker in Kohlensäure um und baut Fuselstoffe ab. „Dabei können bis zu zehn Bar Druck entstehen", sagt Sascha Lämmer und schraubt an einer Düse. Sofort zischt es laut. Sieben bis zehn Tage dauert es, bis die Hefe ihre Arbeit geleistet hat. Ein letztes Mal muss das Bier noch in einen anderen Tank umziehen. Alle Bestandteile, die das Bier trübe machen, sinken auf den Boden hinab. In kleineren Tanks hat es nun sechs bis acht Wochen Zeit zu reifen. Dann ist es bereit, um in Fässern und Flaschen im eigenen Biergarten, in Bars und Kneipen serviert zu werden.

„Das Experimentieren ist das, was mir so Spaß macht", sagt der junge Braumeister. Von Biermischgetränken, wie sie in den letzten Jahren immer mehr die Getränkemärkte fluten, hält er nicht viel. „Man kann mit natürlichen Zutaten schon so viel machen – da braucht man keine künstlichen Aromen." Doch schmeckt ihm überhaupt noch anderes Bier? „Klar", sagt Sascha Lämmer. „Über Fernsehbiere hat man zwar so seine Meinung, aber es gibt sehr gute kleine Brauereien." Eine von ihnen ist die Ricklinger Landbrauerei. Zwischen 1,15 und 1,40 Euro kostet der halbe Liter Gerstensaft. Bei Brauseminaren haben Bierliebhaber die Möglichkeit, selbst den Umgang mit Hopfen, Malz und Hefe zu erlernen.

## Der Bierkalender

**Januar:** Spez. Vollmundig süffiger Geschmack, schön malzig mit angenehmer Hopfenblume. Dunkel bis Amberton; 5,5 % Vol.

**Februar:** Porse, „Kräuterbier". Der Ersatz von Hopfen durch Porsekraut ergibt eine sehr frische kräuterige Note. Nicht reinheitsgebotskonform. Goldgelb; 5 % Vol.

**März:** Rauchbock. Ein Rauchbier der Extraklasse. Heftig, aber nicht zu rauchig, angenehm mild, nicht zu herb. Gelb bis orange; 6 % Vol.

**April:** Maibock. Pünktlich zur wärmer werdenden Osterzeit kommt auch dieser passende Bock. Goldorange; 6 % Vol.

**Mai:** Rickel. Ein Sommerbier für das Dorf Rickling, mit einer dezenten Süße und einer kernigen Herbe. Goldgelb; 5 % Vol.

**Juni:** K.O.-Bier. Heftig intensive, malzig- und feinröstige Note. Angenehme Hopfenbittere und ein vollmundig süßer Geschmack. Dunkelbraun; 8,1 % Vol.

**Juli:** Schwarzes. Ordentlich malzig intensive Röstaromen, leicht herb und vollmundig. Eine Erfrischung für den Sommer. Schwarz; 4,8 % Vol.

**August:** Spezial IPA. Ein Vollbier mit intensiv fruchtig-frischem Geschmack, das nicht allzu herb ist. Dunkelbraun bis rot; 5,5 % Vol.

**September:** Porter. Ein markanter Doppelbock mit Rauch-Nuancen. Tiefbraun bis schwarz; 7 % Vol.

**Oktober:** Rauchbier. Ein sehr bekömmliches Bier mit intensiver, aber nicht penetranter Rauchnote. Goldgelb; 5 % Vol.

**November:** Weihnachtsbock. Ein Weihnachtstraum mit einer anständigen Restsüße. Tiefbraun bis schwarz; 7 % Vol.

**Dezember:** Imkertrunk „Honigbier". Sehr süß, hat aber trotzdem einen schönen Bierkörper. Nicht reinheitsgebotskonform. Gelb; 5,2 % Vol.

# Genusstipps

*für Neumünster und
Kreise Steinburg und Segeberg*

### Kutschercafé „Alte Diele"
### Holstenniendorf

Claus Lahann
Hauptstraße 32,
25584 Holstenniendorf
T. 04827 3425
www.planwagen-lahann.de
Öffnungszeiten: Karfreitag–Ende
Okt So und feiertags 13.30–17 Uhr

Gemütliches Café auf einem landwirtschaftlichen Betrieb. Neben
dem Genuss von Kaffee und
Kuchen besteht auch die Möglichkeit, Kutschfahrten zu buchen oder
Räumlichkeiten für Feste zu mieten.

### Schnuckenhof
### Kaisborstel

Ingeborg List
Dorfstraße 28, 25560 Kaisborstel
T. 04892 899722
www.schnuckenhof.eu
Öffnungszeiten: nach Absprache

Der Hof verkauft Geflügel-, Schaf-,
Ziegen-, Rind- und Schweinefleisch
von alten Nutztierrassen aus biolo-
gischer Haltung. Daneben werden
auch Felle und Seifen aus eigener
Produktion angeboten.

### Törperhof-Café
### Ottenbüttel

Elisabeth Becker
Westermööler Weg 10,
25591 Ottenbüttel
T. 04893 373555
www.toerperhof.blogspot.de
Öffnungszeiten: März–Nov Sa und
So ab 14 Uhr, Mai–Sept auch Fr ab
14 Uhr

Dieses Bauernhofcafé lockt nicht
nur mit selbstgebackenen Torten
und Kuchen oder vielseitigen Kaffeespezialitäten, sondern auch mit
einem weitläufigen Hofgelände. Die
Kirschbäume und bunt angelegten
Beete geben dem Anwesen eine
ländliche Wohlfühlatmosphäre.
Hier können Sie bei den leckersten
Torten und Getränken Ihr ganz
privates Gartenfest feiern. Ob in der
Gartenlaube oder in der Nähe
des kleinen Spielplatzes mit Sandkasten – das Team des Törperhof-
Cafés sorgt stets für eine familiäre
und ausgelassene Stimmung.

**Kartoffelhof Witt**
**Winseldorf**
Hajo Witt
Hauptstraße 25, 25551 Winseldorf
T. 04826 2558
www.kartoffelhof-witt.de
Öffnungszeiten: Mo–Fr 8.30–18
Uhr, Sa 8.30–16 Uhr

Kartoffelproduzierender Betrieb mit
langer Tradition. Produkte können
direkt im Hofladen erworben werden. Nach Absprache ist auch eine
kleine Führung/Präsentation möglich.

**Gestütscafé Friesengestüt**
**Wittenbergen**
Birgit und Karsten Walther
Alt Wittenbergen 7,
25548 Wittenbergen
T. 04822 6369
www.friesengestuet-alt-
wittenbergen.de
Öffnungszeiten: Ostern–Erntedank
Sa, So und feiertags 14–17 Uhr

Auf dem alten Gestüt in Wittenbergen erwartet Sie ein kleines, freund-
liches, rustikales Café. Dort können
Sie selbstgebackene Kuchen und
Torten sowie frischen Kaffee genießen. Verweilen Sie in gemütlicher
Atmosphäre und bei gutem Wetter
auf der schönen Gartenterrasse.

**Rosmarin und Kinkerlitz**
**Wrist**
Henning Janke
Wurth 1, 25563 Wrist
T. 04822 365950
www.rosmarinundkinkerlitz.de
Öffnungszeiten: Di 10–19 Uhr,
Fr 10–19 Uhr, Sa 14–18 Uhr

Der Hofladen hat sich auf die
Direktvermarktung von Kräutern
und Gewürzen spezialisiert. So werden Produkte wie beispielsweise
Tee, Seife und Honig zum Kauf angeboten. Eine Teeverkostung genießen Sie in einer märchenhaft-
romantischen Natur, die von Beeten
mit außergewöhnlichen Kräutern,
bekannten Gewürzen und duftenden Blumen geprägt ist. Darüber
hinaus haben Interessierte hier die
Möglichkeit, an regelmäßig stattfin-
denden Kräuterseminaren teilzu-
nehmen.

## Hof Ansgarius
## Willenscharen
Claus-H. Fölster
Am Wallberg 2,
24616 Willenscharen
T. 04324 1070
www.hofansgarius.de
Öffnungszeiten: Fr–So 13–18 Uhr,
Juli–Aug auch Do 13–18 Uhr;
Gesellschaften gern täglich nach
Absprache

Sehr schönes Hofcafé mit hausgemachten Kuchen und Torten, Frühstück und Brunch mit Anmeldung,
60 Plätze in den gemütlichen Stuben des Bauernhauses, viele idyllische Orte im weitläufigen Garten.
Grillplatz am Wald und Spielwiese.
Ideal für stilvolle Feiern, geeignet
für bis zu 150 Gäste im Kaminsaal
mit Empfangsterrasse. Regionale
Küche, auch mit vegetarischen und
veganen Gerichten; gemütlich und
hochwertig ausgestattet, freundlicher Service. Die Ausstellung in
der Scheune begeistert mit beson-
derem Kunsthandwerk. In dem sonnigen Café kann man schöne Stunden in einer familiären Atmosphäre
verbringen.

## Heidelbeer-Hof Fölster
## Willenscharen
Hans-Jörg Fölster
Am Wallberg 1,
24616 Willenscharen
T. 04324 514
www.heidelbeerhof-foelster.de
Öffnungszeiten: letztes Juliwochen-
ende–Aug Do–So 9–19 Uhr,
solange der Vorrat reicht!

Heidelbeerprodukte wie Honig,
Marmelade und Kuchen im Angebot. Spezialität: Heidelbeer-Natur-
saft. Mit dem Trecker geht es in der
Saison ab aufs Feld zum Selberpflü-
cken – ein Spaß für die ganze Familie. Auf dem Feld kann man dann
tagesfrischen Heidelbeerkuchen
oder andere Blaubeer-Spezialitäten
genießen. Behindertengerechtes
WC und Fahrzeuge für Rollstühle
und Kinderwagen sind vorhanden.

## Ferienhof Möller
## Lentföhrden
Hans Möller
Schmalfelder Straße 25,
24632 Lentföhrden
T. 04192 6319
www.ferienhofmoeller.de
Öffnungszeiten: mit Voranmeldung

Bio-Bauernhof mit Milchviehhal-
tung, der neben den eigenen Produkten auch Ferienwohnungen mit
idyllischem Ambiente anbietet. Für
Kinder steht eine „Spielscheune"
zur Verfügung.

## Hof Ehlers
### Hasenmoor
Hans Jakob Ehlers,
Sabine und Philipp Steenbock
Dorfstraße 28, 24640 Hasenmoor
T. 04195 319
www.hof-ehlers-bio-versand.de
Öffnungszeiten: Mo–Fr 7.30–18.30
Uhr, Sa 7.30–17 Uhr, So 8–17 Uhr

Auf einem flachen Geestrücken befindet sich der Hof Ehlers, der seit nunmehr 60 Jahren auf biologisch-dynamischer Grundlage arbeitet. Das breit gefächerte Angebot von Gemüse über selbstgebackenes Brot bis hin zu frischem Käse aus eigener Herstellung sowie Säften und diversen Demeter-Produkten versorgt die Region. Im angebundenen Hofcafé kann man wunderbar verweilen und die leckeren Produkte des Hofes kosten.

## Hof Weide
### Bimöhlen
Ulrike Laubach, Hartwig Ehlers,
Hans Weber
Weide 7, 24576 Bimöhlen
T. 04327 14190
www.weide-hardebek.de

Der Hof Weide befindet sich inmitten der Segeberger Heide und bietet regionale Produkte und Spezialitäten. Die angeschlossene Bäckerei produziert täglich frische Backwaren, die auch im Café unter anderem zum Frühstück probiert werden können. Als Hofgemeinschaft mit dem Hof Johanniskamp in Hardebek fungiert Hof Weide außerdem als sozialtherapeutische Gemeinschaft.

## Kartoffelhof Asbahr
### Großenaspe
Birgit und Volker Asbahr
Scheeperredder 17,
24623 Großenaspe
T. 04327 815
www.kartoffelhof-asbahr.de
Öffnungszeiten: Mo–Di und Do–Fr 8.30–13 Uhr und 14–18 Uhr, Mi 8–13 Uhr, Sa 8.30–13 Uhr

Uriger Hofladen in der alten Diele des Hofes. Frühkartoffel Leyla, späte Linda und Belana, Honig aus Großenaspe und Eier von frei laufenden Hühnern. Der Hof befindet sich in der dritten Generation in der Hand der Familie Asbahr und hat seit über 20 Jahren das Gütezeichen der Landwirtschaftskammer.

**Hof Schnoor**
**Padenstedt**
Julia und Joachim Schnoor
Poststraße 14, 24634 Padenstedt
T. 04321 8514865
www.hof-schnoor.de
Öffnungszeiten: meist jemand vor
Ort

Kartoffelanbau von Leyla, Anna-
belle, Linda und Belana sowie Lege-
hennenhaltung – beides mit dem
Gütezeichen der Landwirtschaftskammer ausgezeichnet. Zudem
werden Bed & Breakfast und meh-
rere Ferienwohnungen angeboten.
In dem liebevoll eingerichteten
Hofladen „Erntezeit" gibt es neben
Kartoffeln und Eiern auch Honig,
hausgemachte Marmeladen, exklusive Pralinen, Senfspezialitäten,
Wildprodukte sowie Deko-Artikel
für den Wohn- und Gartenbereich.
Veranstaltungen wie Lesungen,
Konzerte, das Schollenfest oder
der Hüttenzauber runden das
Angebot ab.

**Hofladen Familie Bühse**
**Neumünster**
Silke Bühse
Tasdorfer Weg 1–3,
24536 Neumünster
T. 04321 2683075
Öffnungszeiten: Di–Fr 7–12 Uhr
und 14.30–16 Uhr, Sa 7–13 Uhr

Der Hof ist seit dem Jahr 1693 in
Familienbesitz, Silke Bühse führt
ihn in elfter Generation als erste
Frau. Neben Mutterkuhhaltung,
Schweineaufzucht und Schweine-
mast werden eigenes Rind- und
Schweinefleisch, selbsthergestellte
Gerichte im Weckglas wie beispielsweise Rübenmus, Rinderrouladen,
Wurst und Sauerfleisch sowie verschiedene selbstgekochte Marmeladen vermarktet. Mit seiner Spezialität, einer Kartoffelmettwurst, war
der Hofladen auf der Grünen
Woche in Berlin präsent. Diese und
all die anderen Köstlichkeiten können beim Frühstücksbuffet probiert
werden. Zudem gibt es die Möglichkeit, eine Ferienwohnung auf dem
Hofgelände zu mieten.

**Bio-Obsthof Mehrens**
**Neumünster-Einfeld**
Konrad Mehrens
Am Bondenholz 24,
24536 Neumünster-Einfeld
T. 04321 528702
Öffnungszeiten: Mi 15–18 Uhr

**Schönmoorer Hof**
**Rickling-Schönmoor**
Frank Gadow
Schönmoorer Straße 92,
24635 Rickling-Schönmoor
T. 04328 1728282
www.schoenmoorer-hof.de

Beim Obsthof Mehrens am West-
ufer des Einfelder Sees gibt es seit
dem Jahr 1970 Bio-Obst und Bio-
Gemüse. Angebaut wird nach den
Demeter-Richtlinien. Diese biolo-
gisch-dynamische Landwirtschaft
erhebt den Anspruch, nicht allein
die materiellen Substanzen und die
physischen Abläufe der Natur im
Blick zu haben, sondern auch über-
sinnliche und kosmische Kräfte als
Gestaltungsfaktoren zu bedenken.
Nach dieser Philosophie baut der
familiengeführte Betrieb etwa 40
verschiedene Obst-, Kräuter- und
Gemüsepflanzen an, die auch auf
Wochenmärkten gekauft und probiert werden können. Interessierte,
die einen Ausflug auf den Obsthof
planen, sollten sich mittwochs zwischen 15 und 18 Uhr zum Obstein-
kauf auf dem Hofgelände einfinden.

Der Schönmoorer Hof, im Herzen
Schleswig-Holsteins gelegen, steht
seit dem Jahr 1985 für regionalen
Genuss und artgerechte Freilandhaltung. Er liefert Gänse, Enten,
Mularden, Hähnchen, Perlhühner
und Wildfleisch an die Gastronomie, den Handel und an Privatper-
sonen aus. Das Geflügel wird auf
großzügigen Weiden von Anfang
Mai bis Dezember gehalten und erhält dadurch ein vorzüglich gereif-
tes Fleisch. Das traditionsbewusste
Familienunternehmen bietet zudem
verkaufsoffene Wochenenden an, an
denen Gäste nach Herzenslust einkaufen, verkosten und über das
weite Hofgelände spazieren können.

**Hofladen Bornhöved**
Harro und Karina Goullon-Pauliks
Kuhberg 11, 24619 Bornhöved
T. 04323 7300
www.hofladen-bornhöved.de
Öffnungszeiten: Mo–Di und Do–Fr
8–13 Uhr und 14–18 Uhr, Mi und
Sa 8–13 Uhr

Der Familienbetrieb existiert seit
mehr als 40 Jahren und ist auf Anbau und Vermarktung von Qualitätskartoffeln spezialisiert (derzeit
acht bis zehn Sorten im Angebot –
von fest über mehlig bis rotschalig).
Er hat ein breit gefächertes Sortiment, das im Lauf der Jahre immer
größer wurde. Die Betreiber legen
besonderen Wert darauf, dass die
Produkte überwiegend aus der Region stammen. Im Angebot sind
unter anderem: Kartoffeln, Honig,
Schlachtereiprodukte, Eier, Obst,
Gemüse, Säfte, Marmelade, Spargel,
Erdbeeren, Wela-Produkte, Nudeln,
Käse, Antipasti und Weine. Zusätzlich zu den Lebensmitteln werden
auch Blumen und Geschenkartikel
im skandinavischen Landhausstil
angeboten. Jeden Donnerstag ist
Brottag mit diversen Sorten Landbrot im Angebot. Im Rahmen des
Projekts „Schulklassen auf dem
Bauernhof" werden Führungen für
Schulklassen angeboten. Der Hofladen ist sehr ansprechend und liebevoll gestaltet.

**Hofcafé auf dem Stockseehof**
**Stocksee**
Georg F. Baur
Gut Stockseehof, 24326 Stocksee
T. 04526 309716
www.stockseehof.de
Öffnungszeiten: Juli–Aug täglich
10–18 Uhr

Das historische Anwesen aus dem
Jahr 1543 ist am südlichen Rand der
Holsteinischen Schweiz gelegen.
Der Betrieb ist rund 500 Hektar
groß, etwa die Hälfte wird als
Ackerland genutzt. 180 Hektar um-
fassen Wald, See und Grünland.
70 Hektar stehen für die Schatten-
morellen, Süßkirschen, Himbeeren
und Weihnachtsbäume zur Verfügung, die je nach Jahreszeit direkt
auf dem Hof vermarktet werden.
In der Gutsbäckerei werden während der Saison Brote und Kuchen
gebacken, die die vielen Besucher

des Hofes im Sommer im Park unter den alten Bäumen und im Winter in der gemütlichen Weihnachtsscheune genießen können. Bekannt ist der Stockseehof durch die jährliche Garten-Messe „Park & Garden – Country Fair" sowie als Austragungsort für das traditionsreiche „Musikfest auf dem Lande" im Rahmen des Schleswig-Holstein Musik Festivals.

### Landhaus Schulze-Hamann Blunk

Angela und Stephan Schulze-Hamann
Segeberger Straße 32, 23813 Blunk
T. 04557 99700
www.landhaus-schulze-hamann.de
Öffnungszeiten: Mi–So ab 11 Uhr

In dem liebevoll eingerichteten Restaurant und der nach altem Vorbild restaurierten gemütlichen Gaststube mit echtem Eichenholzboden kann man wunderbar verweilen und kulinarische Kreationen mit höchster Qualität und regionaler Herkunft genießen.

### Hof Café Groß Niendorf

Karin Humfeldt
Dorfstraße 29,
23816 Groß Niendorf
T. 04552 994230
www.hofcafegrossniendorf.de

Die hausgemachten, täglich frischen Kuchen und Torten basieren auf alten, beliebten Rezepten und bieten ein Gaumenerlebnis für jeden Gast. Auch der Kaffee- und Teegenuss ist ein spezieller, da die Getränke mit besonders osmotisch aufbereitetem Wasser in Quellwasserqualität zubereitet werden.

### Hof Burmeister Wakendorf I

Wiebke und Thies Burmeister
Hauptstraße 1, 23845 Wakendorf I
T. 04550 98987
www.hof-burmeister.de
Öffnungszeiten: Mo–Fr 7–12 Uhr und 13–18 Uhr (Mi nachm. geschlossen), Sa 7–12 Uhr

Der Familienbetrieb in vierter Generation hat sich auf den Verkauf von selbstangebauten Qualitätskartoffeln spezialisiert. Von der Grünkohl- über die Hochzeits- bis zur Übergrößenkartoffel – Liebhaber des traditionellen Gemüses werden hier fündig. Darüber hinaus bietet der Hof auch anderes Gemüse sowie Eier, Brot, Brötchen, Obst, Milchprodukte und Kuchen im Hofladen an. Spezialität des Hofes ist das selbstgemachte Eis.

# Hopfen und Malz

*Von Jana Werner*

**Grönwohlder Hausbrauerei**
Torsten Schumacher
Poststraße 21c, 22956 Grönwohld
T. 04154 984141
www.groenwohlder.de
Öffnungszeiten: Mo–Fr 10–12 Uhr
und 14.30–18 Uhr, Sa 10–12 Uhr

Er sei ein Spinner, das hörte Torsten Schumacher in den vergangenen Jahren immer wieder. Weil er den Mut hat, seine Träume zu leben – etwa den Traum von einer eigenen kleinen Brauerei. Seit gut fünf Jahren stellt er das urtümliche Grönwohlder her – auf zwei Etagen in einer Halle auf seinem Hof im Kreis Stormarn. „Ich habe mein Hobby zum Beruf gemacht", sagt der leidenschaftliche Biertrinker. Das Wagnis hat sich gelohnt, denn immer mehr Kunden entdecken das Spezialitätengetränk.
Gelernt hat Schumacher den Beruf des Bierbrauers nicht. „Das hat mich aber nicht davon abgehalten, es dennoch zu probieren", sagt der heute 54-Jährige, der noch drei weitere Mitarbeiter beschäftigt. Also fing er vor mehr als 15 Jahren an, Fachbücher zu lesen und einen Volkshochschulkurs zu belegen. Er lernte, wie man mit Einkochauto-

mat, Spaghettisieb, Rührlöffel und weiteren Dingen aus dem Haushalt ein gutes Bier machen kann. In seiner Halle braute er die Eigenkreation zunächst nur für Freunde und Bekannte, seit März 2009 für den Handel. Aus den anfangs etwa 60 000 Litern pro Jahr sind inzwischen um die 250 000 Liter geworden.
„Wir machen nicht die typischen Fernsehbiere, die alle kennen. Wir Kleinen machen die individuellen Spezialitäten, die wirklichen Biere." Alles andere sei Industrieware mit einem Einheitsgeschmack, kritisiert Schumacher und fügt hinzu: „Pils müsse blond, durchsichtig, angenehm bitter sein und eine Blume haben. Aber was ist das für ein Geschmack?"
Auch ärgert den ausgebildeten Zimmer- und Einzelhandelskaufmann, dass die meisten Biere nur mit einer einzigen Malzsorte gebraut werden. „Aber wir haben hierzulande 150 bis 180 verschiedene Malzsorten. Das sind 150 bis 180 verschiedene Aromen. Warum nutzen wir das nicht und machen individuelle Biere? Stattdessen haben wir einen

Einheitsbrei." Dabei könne Bier „eine fantastische Vielfalt bieten". Und das möchte er den Verbrauchern zeigen. So mischt Schumacher unterschiedliche Malzsorten und diverse Aromen und kreiert „ein ganz neues Bier mit einem ganz individuellen Geschmack – natürlich streng nach dem deutschen Reinheitsgebot von 1516". Seine kleine Manufaktur umfasst mittlerweile ein Fünf-Hektoliter-Sudhaus, Gär-, Kühl- und Abfüllräume sowie Schrotmühle, Etikettiermaschine und Lagerhalle für Kisten, Flaschen und Fässer. Gut eine Woche gärt sein Bier bei elf Grad Celsius und wird dann in den Kühlraum gepumpt. Dort reifen 7500 Liter Grönwohlder bei etwa zwei Grad Celsius für mindestens

Bis zu 180 verschiedene Malzsorten gibt es in Deutschland – damit variieren Braumeister den Geschmack von Bier.

vier Wochen – „besser noch viel länger", sagt Schumacher. Denn das Bier entfaltet nach vier, sechs, acht Wochen „ganz andere Aromen, die immer spannender werden". Daraus folgt, dass seine Spezialität immer wieder anders schmecken kann: „Hefe ist ein Naturprodukt, ein Lebewesen, das bei bestimmten Temperaturen, bei einem speziellen Druck, bei einem bestimmten Zuckergehalt immer unterschiedlich arbeitet. Darum kann sich das Bier trotz des gleichen Rezepts in Nuancen unterscheiden. Genau das ist gewollt."

Neben der Brauanlage in Grönwohld lässt der 54-Jährige sein Bier
in der Klosterbrauerei im hessi-
schen Eschwege herstellen – ebenfalls nach seinem Rezept. Während
die Flaschen dort mit einem eigens
für den Handel länger haltbaren
Bier abgefüllt werden, produziert
Schumacher in seiner Hausbrauerei
ausschließlich naturtrübes Frisch-
bier – täglich etwa 400 Liter. „Das
industrielle Massenbier wird weit
über ein Jahr haltbar gemacht, damit es unverdorben bei allen Temperaturen rund um den Globus erhältlich ist. Das Qualitätsmerkmal
für ein gutes Bier ist jedoch die ge-
ringe Haltbarkeit. Bier ist ein Fri-
scheprodukt. Das müssen die Verbraucher begreifen", fordert Schumacher.

Vater des Grönwohlder Pils: Torsten Schumacher betreibt seit fünf Jahren die Hausbrauerei.

„Das bedeutet aber auch, dass ich
das Bier unbedingt in einer Kühl-
kette halten muss – am besten dunkel bei minus einem bis plus sieben
Grad Celsius lagern", erklärt Schumacher. Dann halte seine Sorte mit
dem Namen „Spezial" maximal
einen Monat, das „Landbier" und
das „Dunkel" maximal drei Monate.
Sein Bier ist inzwischen – wenn
nicht direkt in der Hausbrauerei in
der Grönwohlder Poststraße – in
zahlreichen Lebensmittel- und Ge-

tränkefachmärkten zwischen Hamburg und Lübeck erhältlich. „Die Nachfrage ist so gewaltig, dass wir künftig noch mehr produzieren werden. Ein Ende ist noch lange nicht in Sicht. Das hätte ich in meinen kühnsten Träumen nicht erhofft", sagt Schumacher, bei dem es nur zwei Tabuwörter gibt: „Alkoholfreies Bier". In diesen Bereich werde er bestimmt nicht einsteigen, lächelt er. Dafür sei er dann doch zu sehr Traditionalist.

Seine Privatbrauerei, „die wahrscheinlich kleinste in Schleswig-Holstein", beschreibt er als Teil eines nachhaltigen Gesamtprojekts. Baut er doch auf seinem 3,5 Hektar großen Land noch die Braugerste für sein Malz an, zudem Holunder und Walnussbäume, und betreibt eine Regenwurmzucht. „Die Art, wie ich lebe und arbeite, ist ein Traum für mich. Das eine würde nicht ohne das andere funktionieren", gesteht Schumacher. Trotz Rückschlägen habe er nicht aufgegeben. Und das würde er auch allen raten, die noch Träume haben. „Viele Menschen wissen gar nicht, welche Fähigkeiten tatsächlich in ihnen stecken. Nicht immer nur jammern, sondern einfach mal machen."

Immer wieder anders im Geschmack: Das Hausbrauer-Bier ist keine Einheitsware. In Grönwohld werden neben Pils und Landbier ein „Spezial" und ein „Dunkel" gebraut. Dazu kommen immer wieder Sonderabfüllungen wie ein bernsteinfarbiger Mai-Bock und ein kräftiges Weihnachtsbier.

# Der König des Gemüses

*Von Johanna Tyrell*

**Lödings Bauernhof am See Buchholz**
Gretel und Andreas Löding
Auf dem Ortskampe 1,
23911 Buchholz
T. 04541 801713
www.spargelbuffet.de
Öffnungszeiten: Hofladen Mitte
April–letzter So im Sept täglich
8–19 Uhr; Café Ende April–Juni
und Sept Fr–So 13–18 Uhr,
Juli–Aug täglich 9–19 Uhr

Langsam bewegt sich die eiserne Spargelspinne über das Feld. Reihe um Reihe lüftet sie die Plane, die sich kilometerweit über die niedrigen Erddämme spannt. Nackt und blütenweiß blinzeln die Spargelköpfe in das grelle Sonnenlicht. Doch nur kurz. Mit zwei schnellen Handgriffen befreit Andreas Löding sie von der Erde, sticht zweimal kurz mit dem langen, leicht gekrümmten Spargelmesser zu und legt die frisch geerntete Stange zu den anderen in den Korb. „Alle eineinhalb Tage ernten wir jede Reihe ab", erklärt der Landwirt, während er sich aufrichtet und sich mit dem Handrücken über die Stirn wischt. Jede Wurzel bildet zwischen fünf und 30 Trieben aus. „Anders als man vielleicht denkt, hat der Zeitpunkt der Ernte nichts damit zu

tun, ob der Spargel dick oder dünn ist", erklärt Löding. „Das ist eher so wie bei den Menschen auch: der eine so, der andere so."
Seit 1909 bewirtschaftet die Familie Löding nun schon den Hof hoch über dem Ratzeburger See im Kreis Herzogtum Lauenburg. Zunächst noch im Buchholzer Ortskern als klassischer bäuerlicher Betrieb mit Kartoffel- und Getreideanbau sowie Kühen, Schweinen und Hühnern. Nachdem die Familie 1980 den heutigen Hof bezogen hatte, begann Ernst Löding mit dem Spargelanbau.
Heute sind Spargel, Himbeeren, Schweine sowie deren Verarbeitung zu regionalen Spezialitäten und die Gastronomie die wichtigsten Standbeine des nach wie vor kleinen Betriebes. Als mit Andreas Löding die vierte Generation den Hof übernahm, stellte er den Hof vollständig auf die Direktvermarktung der angebauten Produkte um. „Ich finde es wichtig zu wissen, woher mein Essen kommt", sagt der 35-jährige Familienvater.

Die Traummaße sind eine Länge von 21 Zentimeter und ein Gewicht von 50 Gramm – dann darf sich der Spargel „erste Sortierung" nennen.

Familienbetrieb im wahrsten Sinne des Wortes: Gretel und Andreas Löding mit ihren Kindern.

Und dieses Prinzip zieht sich konsequent sowohl durch das Angebot des kleinen Hofladens als auch durch das des Hofcafés. Ob Himbeer-Essig, Himbeer-Saft, Himbeer-Sirup, Himbeer-Senfsauce oder Himbeer-Chutney und -Ketchup – als Besucher kann man nur staunen, was aus den roten Beeren alles hergestellt werden kann. „Wir haben einen Konditormeister und Koch, der unglaublich kreativ und erfinderisch ist", sagt Löding stolz. Das gilt auch für die weißen Stangen. Aber: „Wir haben die Erfahrung gemacht, dass der Deutsche seinen Spargel am liebsten ganz traditionell isst." Von Mittwoch bis Sonntag wird daher um 11 und um 17 Uhr das große Spargelbuffet aufgetischt, mit geräuchertem Katenschinken, Schnitzel, Rührei, goldgelben Salzkartoffeln sowie feiner Sauce Hollandaise oder zerlassener Butter. Am Wochenende ist es sogar durchgehend geöffnet.

Auch 150 Schweine gehören heute zum Betrieb. Aus ihnen werden neben dem Schinken für den frisch geernteten Spargel auch Bratwürste, Sauerfleisch, Schmalz oder Holsteiner Mettwurst hergestellt. „Außerdem haben wir noch den Buchholzer Knüppel. Das ist eine Mettwurst in einem dünneren Darm, wodurch sie mehr Rauch abbekommt und dadurch kräftiger im Geschmack ist", erklärt Andreas Löding.
Hinter dem Haupthaus zieht sich eine weitläufige Wiese sanft Richtung Ratzeburger See. Weiße Segelschiffe gleiten vorbei. Hier im Café-Garten können sich die Gäste bei einem großen Stück Baiser-Rhabarber-, Himbeer-, Buttermilch- oder Schokoladen-Torte stärken. „Für die kleinen Besucher, die es nicht lange auf den Stühlen hält, gibt es einen großen Sandhaufen zum Buddeln und eine Stroh-Box zum Toben. „Wir haben extra keine Klettergerüste und solche Geräte hier, sondern nur bodennahe Spielsachen. So können Eltern sich entspannen und müssen nicht immer darauf achten, ob ihr Kind vielleicht gerade irgendwo raufklettert, wo es runterfallen könnte", erklärt der Vater von drei kleinen Kindern.
Mit 19 Jahren pachtete er den Hof bereits von seinem Vater, studierte nebenher Agrarwissenschaften und

übernahm den Betrieb vor acht Jahren vollständig. Da der Hof mit rund 25 Hektar nur eine vergleichsweise kleine Fläche bewirtschaftet, sind Himbeeren ideal. „Die sind zwar sehr anspruchsvoll, und die Ernte ist nicht so einfach wie beispielsweise bei Getreide, aber sie brauchen nicht so viel Platz."
Dabei ist Lödings Bauernhof kein Bio-Betrieb. „Wir wollen einfach die Nische zwischen Bio und anonymem Einkauf im Supermarkt besetzen", erklärt er. Und damit sich jeder angesprochen fühlt, gibt es auch Fertigprodukte – natürlich aus guten Zutaten in der Hofküche gekocht. So können sich Kochmuffel Schweinegulasch mit Pilzrahm-Geschnetzeltem, Mandel-Vanille- oder Marzipan-Schokoladenkuchen für Zuhause mitnehmen.
Ein kleiner Trecker, voll beladen mit frischem Spargel, knattert auf den Hof. Nun werden die Stangen noch gewaschen und zugeschnitten, um dann ganz frisch auf dem Spargelbuffet zu landen oder direkt verkauft zu werden.
Von April bis Juni wird auf dem Lödings-Hof das edle Stangengemüse geerntet. Letzter Erntetag ist der 24. Juni. „Danach lassen wir das Spargelkraut wachsen, damit die Pflanze über die Blätter auf natürlichem Wege Kraft für das nächste Jahr sammeln kann", erklärt Andreas Löding. Und schließlich be-

Lödings Hausspezialität: Selbstgemachter Spargelgeist mit in den Flaschen eingelegten Spargelstangen.

ginnt im Juli bereits die Himbeerernte. Bis in den September hinein können die kleinen roten Beeren geerntet werden. Es kann auch selbstgepflückt werden.
In den Urlaub fahren die Lödings nur im Winter. „Eigentlich ist die Kombination aus Landwirtschaft und Gastronomie eine denkbar ungünstige Kombination, was die Arbeitszeiten betrifft", sagt Andreas Löding und lacht. Früh morgens um fünf Uhr rufen bereits die ersten Kunden an, weil sie denken, der Landwirt sei ja sicherlich schon wach, spät abends klingelt noch das Telefon, weil ja bestimmt der Gastwirt noch auf den Beinen ist. Doch tauschen möchte er nicht. „Es bringt halt einfach unheimlich viel Spaß."

# Genusstipps

*für Stormarn und Lauenburg*

## Bauernladen Dölger
## Reinfeld

Thies Dölger
Binnenkamp 28, 23858 Reinfeld
T. 04533 791244
www.bauernladen-doelger.com
Öffnungszeiten: Di–Fr 6–18 Uhr,
Sa 6–13 Uhr, So 6–11 Uhr

Der Hof befindet sich inmitten
eines Golfplatzes und bietet seit 20
Jahren selbstgebackenes Brot, Brötchen und Kuchen nach eigenen Rezepten aus der eigenen Backstube
an. Auch eine Konditorei ist vorhanden. Natürlich gibt es in dem
Hofladen viele weitere frische Land-
Produkte.

## Reinfelder Teichwirtschaft

Alfred Wenskus
Karpfenplatz 1, 23858 Reinfeld
T. 04533 5638
www.reinfelder-karpfen.de
Öffnungszeiten: Do und So 9–12,
Fr 8–13, Sa 9–13 Uhr, Do–Fr 15–18
Uhr; Erntedank–Ostern Mo–Mi
10–11 Uhr

Die Karpfenzucht hat in Reinfeld
eine einzigartige Tradition. Bereits
1186 wurde eine Ansiedlung von
Zisterzienser-Mönchen erstmals ur-
kundlich erwähnt, die an dem
Flüsschen Heilsau zahlreiche Teiche
zur Karpfenzucht anlegten. Heute
werden neben Karpfen auch Aale,
Forellen, Lachse, Heringe und vieles
mehr geboten – alles aus eigener
Aufzucht.

## Hof Wilken
## Bad Oldesloe

Thomas und Sabine Wilken
Kneeden 1, 23843 Bad Oldesloe
T. 04531 2361
www.hof-wilken.de
Öffnungszeiten: Mo–Sa 8–20 Uhr

Landwirtschaftlicher Familienbetrieb an der B 75. Im Hofladen werden frische und regionale Erzeugnisse „frisch vom Feld", Eier von
eigenen Hühnern, Hühner und Enten aus eigener Schlachtung,
Lammfleisch, Gemüse und Blumen
(auch zum Selberschneiden) sowie

Wurstwaren, Säfte, Weine und Honig angeboten. Des Weiteren gibt es Klein- und Streicheltiere für Kinder und ein alljährliches Kürbisfest.

**Schachts Gasthof**
**Rohlfshagen/Rümpel**
Veronika Hasselmann
Lindenallee 2,
23843 Rohlfshagen/Rümpel
T. 04531 81237
www.schachts-gasthof.de
Öffnungszeiten: So und feiertags ab 14 Uhr

Das stilvoll eingerichtete Café im alten Landgasthof besteht seit 1820 und bietet selbstgebackene Kuchen und Torten nach Großmutters Art (Spezialität: Friesentorte mit Backpflaumen und Marzipan). Der gemütliche Bauern- und Café-Garten unter alten Bäumen hat eine Diele für Feierlichkeiten mit Holsteiner Spezialitäten, eine Spielwiese mit Geräten für Kinder sowie Kleintiere und Übernachtungsmöglichkeiten. Die Umgebung bietet gute Spazier- und Wanderwege. Radfahrer sind herzlich willkommen.

**Kleverhof**
**Elmenhorst**
Gartenbau Unverhauh
Mönkenbrook 26,
23869 Elmenhorst
T. 04532 2679596
www.kleverhof.de
Öffnungszeiten: Mo–Fr 8–19 Uhr, Sa 8–16 Uhr

Der Kleverhof ist eine Spezialitäten-Gärtnerei, die sich dem Erhalt alter Tomatensorten widmet. Inzwischen werden mehr als 300 Sorten ökologisch angebaut. Der Hofladen mit ausgewählten Bio-Produkten und das Hofcafé mit Kaffee und Kuchen sowie das Museum mit alten landwirtschaftlichen Geräten bilden eine perfekte Gemeinschaft. Außerdem werden Vorträge über Tomaten und eine Vinothek mit 250 Weinsorten geboten.

**Bioland-Betrieb Gut Wulksfelde**
**Tangstedt**
Rolf Winter und Uwe Westebbe
Wulksfelder Damm 15–17,
22889 Tangstedt
T. 040 6442510
www.gut-wulksfelde.de
Öffnungszeiten: täglich 8–19 Uhr

Das historische Gutshaus aus dem
19. Jahrhundert befindet sich auf
der 480 Hektar großen Betriebs-
fläche und bietet einen Hofladen
mit 3500 Artikeln, eine Gutsbäckerei, Gärtnerei, Fleisch- und
Wurstherstellung sowie das Bio-
Restaurant „Gutsküche", das Ihnen
feine Landhauskost serviert. Der
kleine Tiergarten und Streichelzoo
mit Ziegen, Eseln, Schafen, Hühnern, Kaninchen und Meerschweinchen sowie der Spielplatz, Lehrpfad
und Kletterparcours mit Baumhaus
garantieren einen spannenden
Ausflug.

**Erdbeerhof Glantz**
**Delingsdorf**
Enno Glantz
Hamburger Straße 2,
22941 Delingsdorf
T. 04532 20240
www.glantz.de
Öffnungszeiten: Jan–März Mi–So
ab 11 Uhr, April–Juni und Nov–Dez
täglich ab 11 Uhr, Juli–Mitte Nov
Di–So ab 11 Uhr

Das Spezialitätenrestaurant mit
hauseigener Backstube serviert Ihnen hausgemachte Kuchen und Torten und eine Speisekarte passend
zur jeweiligen Jahreszeit (Vier-Jah-
reszeiten-Gastronomie). Der Festsaal und die historische Lohdiele
mit Wintergarten bieten sich für
Feierlichkeiten an. Die Produkte des
Hofes (Erdbeeren, Himbeeren,
Spargel, Blumen und Weihnachtsbäume) werden über Direktvermarktung auf dem Erdbeerfeld verkauft. Außerdem gibt es Selbst-
pflückfelder, ein großes Angebot an
Wohnaccessoires sowie jährliche
Hoffeste und einen Weihnachts-
markt.

**Demeter-Gut Wulfsdorf
Ahrensburg**
Elisabeth und Georg Lutz
Bornkampsweg 39,
22926 Ahrensburg
T. 04102 32587
www.gutwulfsdorf.de
Öffnungszeiten: Mo–Fr 9–18.30
Uhr, Sa 8–16 Uhr

Der Hof der Familie Lutz besteht
aus einem Bio-Markt mit über 3000
Artikeln, einem Hofladen-Café, wo
Sie Espressospezialitäten und selbstgebackene Kuchen und Torten probieren können, sowie einem Hofladen, der Premium-Produkte aus
eigener Erzeugung anbietet – darunter Erzeugnisse aus der hofeigenen Holzofenbäckerei, der Hof-
metzgerei Dreymann, Gemüse
direkt aus der Gärtnerei und ein
hochwertiges Naturkosmetik-
Sortiment. Des Weiteren befinden
sich auf dem Gut Wulfsdorf eine
Keramikwerkstatt und eine Imkerei.
Monatlich finden diverse Veranstaltungen und Aktionen rund um die
Landwirtschaft statt. Hofführungen
und Umweltbildungsangebote für
Kindergärten und Schulen ergänzen
das Angebot.

**Bioland-Hof Lütjensee**
Günther Fielmann
Alte Schulstraße 13,
22952 Lütjensee
T. 04154 707030
www.hofluetjensee.de
Öffnungszeiten: Mo–Fr 9–19 Uhr,
Sa 8–13 Uhr

Der Hof Lütjensee wirtschaftet rein
ökologisch und setzt dabei auf faire
Preise. Er sieht sich als Anziehungs-
punkt für Familien, die gesunde,
frische Milch und den Laib Brot
ohne Chemie zu erschwinglichen
Preisen kaufen möchten. Dies er-
möglichen eigene Urproduktion,
eigene Veredelung und eigene Vermarktung. Der Hofladen bietet
Ihnen Brot, Fleisch, Gemüse, Eier,
Nudeln, Käse und Milchprodukte
aus ökologischer Produktion und
artgerechter Tierhaltung. Ein Lehrpfad mit heimischen Obstsorten
und Gehölzen und die Möglichkeit,
einige Tiere zu streicheln und zu
füttern, runden das Angebot ab.

**Zur Fischerklause**
**Lütjensee**
Claudia und Gerhard Retter
Am See 1, 22952 Lütjensee
T. 04154 792200
www.fischerklause-luetjensee.de
Öffnungszeiten: März–Okt Fr–Mi
11.30–22.30 Uhr, Nov–Feb Fr–Di
11.30–22.30 Uhr

**Alter Haferkasten**
**Schiphorst**
Familie Wulf
Hauptstraße 26, 23847 Schiphorst
T. 04536 808685
www.alter-haferkasten.com
Öffnungszeiten: Feb–Nov Sa, So
und feiertags 14–18 Uhr, Dez–Jan
So 14–18 Uhr

Gerhard Retter, ein Gastronom von
höheren Weihen, ist Österreicher.
Die Liebe hat den Alpenländer in
die Norddeutsche Tiefebene ge-
lockt. Retters Frau Claudia übernahm die traditionsreiche Lütjen-
seer Fischerklause ihrer Eltern.
Mit Retters ist der stilvoll aufge-
frischte Landgasthof zur Pilgerstätte
für feinschmeckende Fans regionaler Küche geworden, deren Klassiker die Küche so zubereitet, dass
man fast federleicht vom Tisch auf-
steht. Und so erlebt man in ent-
spannter Atmosphäre genussvolle
Stunden am stillen See.

Ob im herrlich duftenden Rosengarten oder in der antik eingerichteten Backsteinscheune – im Alten
Haferkasten haben die Besucher
viele Möglichkeiten, die hausgemachten Torten und Kuchen nach
Großmutters Rezept zu genießen.
Einmal im Monat öffnet das Café
zum leckeren Brunchbuffet seine
Türen. Dabei können sich die Gäste
mit regionalen Spezialitäten alter
und neuer Rezepte verwöhnen lassen. Pferdefreunde kommen auf
Anfrage beim Ponyreiten oder bei
Kutschfahrten auf ihre Kosten.

**Café uppen Barg**
**Duvensee**
Familie Petersen
Bergrade 4, 23898 Duvensee
T. 04543 888717
www.swingolf-bergrade.de
Öffnungszeiten: März–Okt Mi–So
ab 11 Uhr, Nov–Feb Sa und So ab
14 Uhr

Weitab von Verkehrslärm und
Großstadtgetümmel mitten in der
Natur können die Besucher des
„Café uppen Barg" die Ruhe der Natur bei Kaffee und hausgebackenen
Torten sowie kleinen Snacks genießen. Besonders charmant: Der
große Café-Garten der ehemaligen
Altenteilerkate aus dem Jahr 1827
mit seinen alten Obstbäumen. Wer
ein wenig aktiver seine Zeit verbringen möchte, hat die Möglichkeit,
beim Swingolf seine Platzreife zu
erwerben. Diese einfache Form des
Golfs eignet sich für die ganze Familie und wird auf rustikalem Gelände mit nur einem Schläger und
einem Gummiball gespielt. Darüber
hinaus wird sonntags Frühstücksbuffet angeboten.

**Melkhus**
**Panten**
Rainer Nehls
Dorfstraße 19, 23896 Panten
T. 04543 363
www.erlebnishof-nehls.de
Öffnungszeiten: Mai–Okt Di–So
11–20 Uhr

Egal ob mit Auto, Fahrrad, Pferd
oder zu Fuß – das Melkhus Panten
ist eine Raststation für die ganze Familie. Wie der Name „Melkhus" bereits erahnen lässt, bietet es Speisen
und Getränke rund um die Milch
sowie kalte Getränke zum Durst-
löschen an. Leckeres Eis in zahlreichen Sorten, von klassisch bis kun-
terbunt, Kaffee und Kuchen, Milch-
Shakes, Quarkspeisen und Käse machen dabei das Sortiment komplett.
Das Gartenhäuschen mit dem
traumhaft angelegten Garten und
Sitzmöglichkeiten befindet sich im
Innenhof. Für die Kinder gibt es ein
Mini-Melkhus zum Spielen, ein
Hoppelhus mit Kaninchen, Ponyreiten und einiges mehr. Ein Steinlaby-
rinth, ein Kinderspielplatz oder einfach nur ein ruhiges Plätzchen zum
Entspannen am Teich sorgen dafür,
dass sich auch wirklich niemand
langweilt. Während es unter der
Woche „Selbstbedienung" heißt,
wartet am Wochenende Personal
auf die Besucher, das außerdem
gerne über den Bauernhof und die
Tiere informiert.

## Pfarrhof-Café und Heuherberge Ziethen

Dörte Ritter
Kirchstraße 21, 23911 Ziethen
T. 0163 1622766
www.heuherberge-ziethen.de
Öffnungszeiten: Do–So 14–18 Uhr

Am Rande von Ratzeburg liegt der historische Pfarrhof mit seinem gemütlichen Hofcafé und rund 25 Heuschlafplätzen. Ob Stachelbeer-Baiser-, Lübecker Marzipan-, After-Eight- oder Schwarzwälder Kirsch-Torten – durch das ständig wechselnde Angebot an selbstgemachten süßen Leckereien ist für jeden Geschmack etwas dabei. Auch Eis und herzhafte Brote werden im Garten serviert. Die Hofanlage mit Kirche kann jederzeit besichtigt werden. Die angeschlossene Heuherberge verfügt über eine Selbstversorgerküche, einen beheizten Aufenthaltsraum, eine Scheune, Spielwiese und Grillplatz.

## Am kleinen See
## Mustin

Andrea März
Dorfstraße 57, 23911 Mustin
T. 04546 808383
www.am-kleinen-see.de
Öffnungszeiten: täglich 8–21 Uhr

Die ehemalige Jugendfreizeitstätte beherbergt jetzt einen kleinen, liebevoll eingerichteten Landgasthof mit fünf Doppelzimmern und einer reichen Auswahl an hausgemachten Torten und Kuchen. Die große Terrasse mit Blick auf den Badesee lädt zum Verweilen ein. Täglich gibt es hier von 8 bis 11 Uhr Frühstück. Da der Landgasthof sehr gut an das umliegende Rad- und Reitwegenetz angeschlossen ist, ist er perfekt für einen kleinen Zwischenstopp.

## Dielencafé zum Kittlitzer Hofsee
## Kittlitz

Britta Burmeister
Dorfstraße 40, 23911 Kittlitz
T. 04546 8089385
www.dielencafe.com
Öffnungszeiten: Mi–So 13.30–18 Uhr; Frühstücksbuffet So 9–12 Uhr

Eingebettet in die leicht hügelige Wald- und Seenlandschaft des Naturparks Lauenburgische Seen liegt das Bauernhofcafé idyllisch direkt am Kittlitzer Hofsee. Ob Buchweizen-, Baiser, Mokka- oder Früchtetorten – die Auswahl ist groß und lässt kaum Wünsche offen. Käse-, Leberwurst-, Griebenschmalz- oder Sauerfleischbrote befriedigen den herzhaften Appetit. Jeden Sonntag können Besucher bei einem bunten

Frühstücksbuffet in den Tag starten. Hierzu ist allerdings eine Anmeldung erforderlich.

## Kaisers Hofladen und Café Salem

Manuela und Jürgen Kaiser
Seestraße 58, 23911 Salem
T. 04541 840441
www.kaiserhof-salem.de
Öffnungszeiten: Nov–Feb Di–So, März–Okt täglich 7–18 Uhr

Landwirtschaft und Natur pur – das bietet der Kaiserhof in Salem. Je nach Saison werden im Hofladen frischer Spargel, Kartoffeln, Hähnchen-, Enten-, Schweinefleisch sowie Wurst und Fleisch von den hofeigenen Galloways, ofenfrische Brote und Brötchen, Obst, Gemüse und vieles mehr aus eigenem Anbau angeboten. Auf „hausgemacht" und „regionale Küche" wird dabei besonderer Wert gelegt. Im angeschlossenen Bauernhofcafé können Besucher ihren Tag mit verschiedenen Frühstücksvariationen beginnen oder sich bei einem leckeren Mittagessen stärken. Drumherum gibt es Rad-, Wander- und Bademöglichkeiten – ideal, um anschließend das Café zu besuchen. Für die Naschkatzen unter den Besuchern gibt es hier selbstgebackene Torten und Kuchen sowie eine bunte Auswahl an Eis. Besondere Highlights sind das Spargelfest im Mai und das Kartoffelfest im September.

## Schaalseehof Café & Heuherberge Dargow

Anja Eggert
Alte Dorfstraße 1, 23883 Dargow
T. 04545 791100
www.schaalseehof.de
Öffnungszeiten: April–Okt Mo–Fr 12–19 Uhr, Sa und So 8.30–19 Uhr, Nov–März Fr 14–18 Uhr, Sa und So 8.30–18 Uhr

Der Schaalseehof liegt inmitten schöner Natur und bietet für Jung und Alt eine willkommene und erlebnisreiche Abwechslung zum Alltag. Besucher können sich mit leckeren selbstgemachten Waffeln und Torten verwöhnen lassen und vieles entdecken. Samstags lockt ein rustikales Frühstücksbuffet. Durch die hofeigene Fischräucherei und bei Grillabenden kommen auch Freunde der deftigen Küche auf ihre Kosten. Eine große Bolzwiese lädt besonders die kleinen Gäste zum Spielen ein. Auch kann im Heu übernachtet oder am Indianertipi gespielt werden. Einen besonderen Ausblick über den Schaalsee hat man vom hofeigenen Aussichtsturm. Im landwirtschaftlichen Museum gibt es viele alte Trecker und Landmaschinen zu bewundern.

**Maräne**
**Groß Zecher am Schaalsee**
Johanssen & Rinck GmbH
Dorfstraße 12,
23883 Groß Zecher am Schaalsee
T. 04545 1371
www.restaurant-maraene.de
Öffnungszeiten: täglich 11.30–21 Uhr

**Schinkenhof Röhrs**
**Breitenfelde**
Oliver Röhrs
Niendorfer Weg 5,
23881 Breitenfelde
T. 04542 2824
www.schinken-röhrs.de
Öffnungszeiten: Mo–Fr 9–12.30
Uhr und 15–18 Uhr

Alle, die hier einmal gespeist haben, wollen wiederkommen. Dafür gibt es vor allem einen Grund: die gute Fischküche des Hauses. Denn hier fängt der Chef noch selbst die Fische, die entsprechend frisch auf den Tisch kommen. Die einen schwärmen von den Hechtklößchen, die anderen vom Räucherfisch und alle von Zander, Saibling, Forelle, Aal und natürlich der Namensgeberin des Hauses, der Maräne. Zubereitet werden die Fische klassisch schlicht. Die Maräne meist in Butter gebraten, mit Petersilienkartoffeln und Salat serviert. Nach gutem Essen bietet sich ein Verdauungsspaziergang zum schönen Schaalsee an.

Ob herzhafte Landleberwurst, würzige Blutwurst, kerniger Speck oder Mettwurst – auf dem Schinkenhof Röhrs in Breitenfelde wird noch viel Wert auf Qualität gelegt. Die ausgesuchten Schinken werden handgesalzen und mit Buchenspänen kalt geräuchert. Rauchig, kräftig und sehr zart – durch monatelanges Reifen werden die Schinken zu einer von Feinschmeckern geschätzten aromatischen Köstlichkeit. Vor dem Kauf darf natürlich gekostet werden.

## Bildnachweis

Alle Bilder stammen von den jeweiligen Höfen, Cafés und Restaurants, außer:
S. 16 r. (Hallo Sylt/24.11.2012);
S. 19 r. (syltpicture/29.7.2011);
S. 24 (sh:z); S. 25 (Petra Blume)
S. 28 (Bioland); S. 29 (NFT/2011);
S. 51 (Rühmann); S. 73 (VDL/Januar 2014); S. 74 l. (Fischer/2011);
S. 134 (Prahl/05-2010); S. 149 (ums/2014); S. 165 (ST); S. 166 r. (Grochowsky/16.05.2007); S. 7, 11, 12, 37, 38, 45, 46, 128, 155, 156, 157 (Marcus Dewanger); S. 21, 22, 23, 34, 35, 41, 42, 99, 100, 101, 119, 120, 121, 123, 124, 139, 140, 141 (Michael Ruff); S. 33, 69, 127 (grafik-foto.de); S. 57, 58, 61, 62, 65, 66, 67, 70, 78 r., 81, 82, 85, 86, 87, 103, 104, 105 (Michael Staudt); S. 143, 144, 159, 160, 161 (Johanna Tyrell) Umschlag vorn: huber-images.de: r. o., r. Mi. (Lubenow Sabine), r. u. (Szyszka); Umschlag hinten: Marcus Dewanger, Michael Staudt, Michael Ruff

Der Verlag bedankt sich bei allen Hofläden, -cafés, Restaurants und Landgasthöfen, die Fotomaterial zur Verfügung gestellt haben, für die freundliche Unterstützung und die gute Zusammenarbeit.

## Impressum

Bibliografische Information der Deutschen Nationalbibliothek:
Die Deutsche Nationalbibliothek verzeichnet diese Publikation in der Deutschen Nationalbibliografie; detaillierte bibliografische Daten sind im Internet über http://dnb.d-nb.de abrufbar.

ISBN 978-3-8319-0553-9

© Ellert & Richter Verlag GmbH, Hamburg 2014

Lektorat: Annette Krüger
Redaktion Verlag: Sophia Molter, Claudia Schneider, Sophie Torp
Redaktion sh:z: Dieter Schulz
Gestaltung: BrücknerAping, Büro für Gestaltung GbR, Bremen
Karten: THAMM, Bosau (Kartengrundlage OSM, ODbL V 1.0)
Gesamtherstellung:
CPI books GmbH, Leck

www.ellert-richter.de